人間革命の宗教

池田大作

著者近影

人間革命の宗教

目次

装幀　中山聖雨

一、本書は、「大白蓮華」に連載された「世界を照らす太陽の仏法」（二〇一七年一月号〜十二月号）を、著者の了解を得て『人間革命の宗教』として収録した。

一、御書の引用は、『新編　日蓮大聖人御書全集』（創価学会版、第二七五刷）を（御書〇〇ページ）で示した。

一、法華経の引用は、『妙法蓮華経並開結』（創価学会版、第二刷）を（法華経〇〇ページ）で示した。

一、引用文のなかで、旧字体を新字体に、旧仮名遣いを現代仮名遣いに改めたものもある。また、句読点を補ったものもある。

一、肩書、名称、時節等については、掲載時のままにした。

一、説明が必要と思われる語句には、〈注〇〉を付け、編末に「注解」を設けた。

——編集部

序——「人間革命の宗教」の大道《だいどう》

「太陽は日ごとに新しい」とは、古代ギリシャの先哲《せんてつ》ヘラクレイトスの言葉です（引用は、『世界文学大系63　ギリシア思想家集』田中美知太郎訳、筑摩書房）。

世界広宣流布《こうせんるふ》の新しき朝《あした》――私たちは胸中《きょうちゅう》に新しき太陽を赫々《かっかく》と昇《のぼ》らせながら、意気揚々《いきようよう》と前進を開始したいと思います。

二十一世紀の「第二の十年」も後半に入りました。今、世界は一段と混沌《こんとん》として暗雲《あんうん》が立ちこめているように見えます。

一方では、経済や金融《きんゆう》、交通、通信など、あらゆる次元で国境を越えたグローバル化が進んでいます。他方では、各地において経済的格差が拡大し、その上、いまだ紛争《ふんそう》や内戦が続いている地域もあり、人々の心には、再び分断《ぶんだん》や反《はん》目《もく》の力《ちから》が強まっている感があります。そして、多くの難民《なんみん》が生まれ、人間の生命と尊厳《そんげん》が脅《おびや》かされています。

また、環境破壊なども深刻《しんこく》です。

政治や経済の改革、制度や機構の刷新《さっしん》など外形的《がいけいてき》な変革だけで、決して人間社会の課題は解決できるものではありません。人間を置き去りにし、生命尊厳《そんげん》の基軸《きじく》を失った変革は、結局、歪《ひず》みをもたらし、行き詰《づ》まってしまう。

ゆえに、どこまでも「人間のため」という原点を忘れてはならない。〝人間を離れるな！〟〝生命に目覚めよ！〟〝民衆自身から始めよ！〟――今、この根本に立ち返ることが、あらためて求められているのではないでしょうか。

それでは、二十一世紀に求められる宗教は、いかなる中心的価値を根幹にすべきでしょうか。

私は、それは「人間主義の宗教」であり、「人間革命の宗教」であると訴《うった》えたい。

「人間自身の変革」こそ創価の源流《げんりゅう》

思えば、初代会長・牧口常三郎《つねさぶろう》先生は創価教育学会の創立（一九三〇年）から間もないころ、社会改革に触《ふ》れる中で、「所詮《しょせん》宗教革命によって心の根柢《こんてい》から建て直さなければ、一切人事の混乱は永久に治《じ》すべからず」（一九三五年）と叫《さけ》ばれていました。「心の根柢《こんてい》から建て直す」とは、まさに「人間革命」の意義にほかなりません。

その志《こころざし》を継《つ》ぐ第二代会長・戸田城聖《じょうせい》先生は、軍部政府の宗教弾圧《だんあつ》によって、先師《せんし》・牧口先生と共に投獄《とうごく》された獄中《ごくちゅう》で、「仏《ほとけ》とは生命なり」「我《われ》、地涌《じゆ》の菩薩《ぼさつ》なり」と悟達《ごだつ》されました。

そして出獄後《しゅつごくご》、妙法《みょうほう》の信仰によって人間の生命を変革し、人類を「仏《ほとけ》の境涯《きょうがい》」「最高の人格価値」にまで高め、そこから出発して、戦争や飢餓《きが》、疾病《しっぺい》などの苦悩から救《すく》いたいと広宣流布の戦いを起こされたのです。

戸田先生は、当時、東大総長の南原繁《なんばらしげる》博士が、戦後の大転換《だいてんかん》の中で進む政治革命、社会革命、第二次産業革命を、人間に奉仕《ほうし》させるために「人間革命」の必要性を訴《うった》えていたことに深く共鳴《きょうめい》されていました。

その上で戸田先生は、民衆の幸福、社会の繁栄《はんえい》、世界の平和のためには、根底に人間生命の変革がなくてはならないと洞察《どうさつ》されました。妙法の信仰によってこそ、それが本源的《ほんげんてき》な次元で可能となり、現実の人生と社会の中で「人間革命」を成《な》し得《え》ることを示されたのです。

「宗教革命、即《そく》、人間革命」

戸田先生の法華経《ほけきょう》講義を受講して、その壮大なる展望《てんぼう》を伺《うかが》った感動を、二十歳の私は書き留《とど》めました。「宗教革命、即《そく》、人間革命なり。かくして、教育革命、経済革命あり、政治革命とならん」――と。

さらに後年、私は、不二《ふに》の弟子として恩師《おんし》の崇高《すうこう》な生涯を小説『人間革命』に書きつづるに際《さい》し、そのテーマを、こう掲《かか》げました。

「一人の人間における偉大《いだい》な人間革命は、やがて一国《いっこく》の宿命《しゅくめい》の転換《てんかん》をも成《な》し遂《と》げ、さらに全人類の宿命の転換をも可能にする」

これは、「広宣流布」即《そく》「世界平和」の誓願《せいがん》に生きる創価の師弟《してい》のテーマでもあります。

日蓮大聖人《にちれんだいしょうにん》の仏法は、人間革命の光源《こうげん》として、混迷《こんめい》の現代を生きる民衆に、いやまして勇気と希望の輝きを贈《おく》っていくのです。

人間革命は即《そく》、生命の変革です。

人間革命は即、宿命《しゅくめい》の転換《てんかん》です。

人間革命は即、幸福の確立です。

人間革命は即、立正安国《りっしょうあんこく》の源泉《げんせん》です。

人間革命は即、平和の基盤《きばん》です。

師子王《ししおう》の心――時代を創《つく》る民衆凱歌《がいか》の大潮流《だいちょうりゅう》を

恩師《おんし》・戸田城聖《じょうせい》先生は仏法の本義《ほんぎ》に則《のっと》りながら、自由闊達《かったつ》に、人間革命の意義を展開されました。その重要な視点の第一は、仏道修行《ぶつどうしゅぎょう》の目的である「成《じょう》仏《ぶつ》」の意味を、生命の変革、人間革命として現代に蘇《よみがえ》らせたことです。

ここでは、まず、「新池《にいけ》御書」〈注1〉の一節を拝《はい》したいと思います。

御文

新池御書《にいけ》、御書一四四三ペー八行目

如我等無異《にょがとうむい》と申《もう》して釈尊程《しゃくそんほど》の仏《ほとけ》にやすやすと成《な》り候《そうろう》なり

現代語訳

「我《わ》が如《ごと》く等《ひと》しくして異《こと》なること無《な》からしめん」といって、釈尊《しゃくそん》のような仏《ほとけ》にやすやすと成《な》るのである。

万人《ばんにん》に開かれた変革の仏法

凡夫《ぼんぷ》が成仏《じょうぶつ》する。それは、誰もが、釈尊《しゃくそん》のような仏《ほとけ》に「やすやすと」成《な》っていけるのですと、日蓮大聖人は仰《おお》せです。

御文《ごもん》の直前には、法華経をよく信じて成仏《じょうぶつ》を期《き》すよう励《はげ》まされ、「仏《ほとけ》に成《な》ること」とは特別のことではなく、南無妙法蓮華経《なんみょうほうれんげきょう》の題目《だいもく》を一心《いっしん》に唱《とな》え抜けば、自《おの》ずと偉大《いだい》な仏の境涯《きょうがい》を会得《えとく》できると教えられています。

「如我等無異《にょがとうむい》」とは、「開三顕一《かいさんけんいち》」（声聞《しょうもん》・縁覚《えんがく》・菩薩《ぼさつ》の三乗《さんじょう》を開いて一仏乗《いちぶつじょう》を顕《あらわ》す）を説《と》いた法華経方便品《ほうべんぼん》の中でも、仏《ほとけ》（釈尊《しゃくそん》）の過去世《かこせ》からの誓願《せいがん》を明かした重要な言葉です。

「一切の衆《しゅ》をして　我《わ》が如《ごと》く等《ひと》しくして異《こと》なること無《な》からしめん」（法華経一三〇㌻）

「一切の衆《しゅ》」――全《すべ》ての衆生《しゅじょう》です。「一人も残らず」です。一人たりとも例外として置き去りにすることはないというのです。

そして「我《わ》が如《ごと》く等《ひと》しくして」です。

「我《われ》」とは釈尊《しゃくそん》です。師匠《ししょう》である釈尊が、弟子に向かって「私と同じように仏《ほとけ》の境涯《きょうがい》を開け！」と願い、励《はげ》まし、導《みちび》いていく心が烈々《れつれつ》と伝わってきます。ともに、舎利弗《しゃりほつ》を筆頭《ひっとう》とする弟子の立場から拝《はい》すると、これは師匠《ししょう》から発《はっ》せられた、〝自《みずか》らを狭く閉じ込めている壁《かべ》を打ち破れ！〟との指導ともいえないでしょうか。

牧口常三郎《つねさぶろう》先生も線を引かれて大切にされていた経文《きょうもん》です。師匠《ししょう》の偉大《いだい》な誓願《せいがん》を、弟子も我《わ》が誓願とし、自《みずか》らの小さな境涯《きょうがい》を勇敢《ゆうかん》に打ち破りながら、他《た》の人々も励《はげ》まして共に仏道《ぶつどう》を成就《じょうじゅ》していくのです。いわば不二《ふに》の弟子の人間革命であり、同じ誓願を抱きしめての魂《たましい》の継承《けいしょう》が、仏法の師弟《してい》の道です。

「やすやすと」とは、「容易《ようい》に」という意味ですが、それは長遠《ちょうおん》なる歳月《さいげつ》にわたる「歴劫修行《りゃっこうしゅぎょう》」〈注2〉に対して、この一生の間に、この凡夫《ぼんぷ》の身のまま、この娑婆《しゃば》世界で必ず成仏《じょうぶつ》できる——すなわち「一生成仏」「即身《そくしん》成仏」の意義を込められた仰《おお》せと拝《はい》せましょう。

御文

法蓮抄《ほうれんしょう》、御書一〇四六ページ七行目～九行目

今《いま》法華経《ほけきょう》と申《もう》すは一切衆生《いっさいしゅじょう》を仏《ほとけ》になす秘術《ひじゅつ》まします御経《おんきょう》なり、所謂《いわゆる》地獄《じごく》の一人《ひとり》・餓鬼《がき》の一人《ひとり》・乃至《ないし》九界《きゅうかい》の一人《ひとり》を仏《ほとけ》になせば一切衆生《いっさいしゅじょう》・皆仏《みなほとけ》になるべきことはり《理》顕《あらわ》る、譬《たと》えば竹《たけ》の節《ふし》を一《ひと》つ破《わり》ぬれば余《よ》の節亦《ふしまた》破《わ》るるが如《ごと》し

現代語訳

今、法華経というのは、一切衆生《しゅじょう》を仏《ほとけ》にする秘術《ひじゅつ》がある御経《おんきょう》である。いわゆる地獄界《じごくかい》の一人、餓鬼界《がきかい》の一人、ないし九界の中の一人を仏にすることによって、一切衆生が皆、仏になることができるという

> 道理が現れたのである。たとえば、竹の節《ふし》を一つ割《わ》れば、他の節もそれにしたがって割れるようなものである。

まず「目の前の一人」から

下総国《しもうさのくに》（千葉県北部など）の門下《もんか》である曾谷教信《そやきょうしん》に送られた「法蓮抄《ほうれんしょう》」〈注3〉の一節です。法華経こそが最高の孝養《こうよう》の経典《きょうてん》であることを、「万人成仏《ばんにんじょうぶつ》」の法《ほう》理《り》を通して教えられています。

「一切衆生《しゅじょう》を仏《ほとけ》になす秘術《ひじゅつ》」といっても、まず「一人」です。目の前の一人を成仏《じょうぶつ》させられなければ一切衆生の成仏などありません。ゆえに大聖人は、「何よりもまず一人を仏にする」ことだと断言《だんげん》されます。

十界互具《じっかいごぐ》〈注4〉、一念三千《いちねんさんぜん》〈注5〉の法理《ほうり》は、九界の生命に本来、仏《ほとけ》の生命が具《そな》わるゆえに、九界の衆生《しゅじょう》が全《すべ》て成仏《じょうぶつ》できるという「九界即仏界《そくぶっかい》」を明かしています。そして大聖人は、地獄《じごく》や餓鬼《がき》という最も深い苦悩の境涯《きょうがい》に沈《しず》む一人が成仏《じょうぶつ》すれば、そこに九界の一切の衆生《しゅじょう》が成仏する道理が現れると明言《めいげん》されているのです。〝地獄界の一人〟でいえば、法華経で提婆達多《だいばだった》〈注6〉に成仏の記《き》別《べつ》が与えられたことによって、悪人《あくにん》成仏の道が開かれました。

「一人」の成仏《じょうぶつ》が、「一切」の成仏のための突破口《とっぱこう》を開く。竹の節《ふし》を一つ割《わ》れば、その他《た》の節も次々と割れていくのと同じです。「一《いち》をあげ頭《かしら》をあげ万《まん》をさめ枝《えだ》をしたがふ」（御書二一三ジペー）のです。

これが「挙一例諸《こいちれいしょ》」〈注7〉の原理です。

日蓮大聖人は、「竜女《りゅうにょ》が成仏《じょうぶつ》は末代《まつだい》の女人《にょにん》の成仏往生《おうじょう》の道をふみあけたるなるべし」（同）とも言われて、竜女という一人の女性の即身《そくしん》成仏の実証《じっしょう》が、後に続く一切の女人の成仏の大道《だいどう》を広々《ひろびろ》と開いたのだ、と教えられています。いうなれば、一人の宿命転換《しゅくめいてんかん》のドラマは、仏法正義の証《あかし》です。同じ苦悩を背負《せお》った全《すべ》ての人々のために、人生勝利の突破口《とっぱこう》を開いたことになるのです。

竜女《りゅうにょ》が開いた、この幸福の大道《だいどう》にまっすぐ連《つら》なる花の女子部が、世界のいずこの地にあっても活躍し、笑顔の大輪《たいりん》を咲《さ》かせています。幸《さち》の青春を舞《ま》いゆく一人一人の「人間革命」の花が爛漫《らんまん》と咲き誇ることを、いつも応援してくれている婦人部の方々と一緒に、私も妻も祈っています。

いかなる十界《じっかい》の衆生《しゅじょう》も成仏《じょうぶつ》へ

「即身成仏《そくしんじょうぶつ》」を、大聖人は「一念三千《いちねんさんぜん》の成仏」と言われています。いかなる境遇《きょうぐう》にあろうとも、九界の凡夫《ぼんぷ》の身のまま成仏できる。「改転《かいてん》の成仏」といって、その身を改《あらた》め転《てん》じなければ成仏できないとする爾前経《にぜんきょう》の成仏観とは、根本的に違うのです。

自身が十界《じっかい》のどの境涯《きょうがい》にあっても、一人の人間の無限の価値を信じ開く妙法を根本として生きることに心を定《さだ》めれば、必ず、希望の未来が見渡せます。挑戦する勇気が湧《わ》きます。不屈《ふくつ》の闘志《とうし》、あきらめない心、粘《ねば》り強《づよ》さ、忍耐《にんたい》が生まれます。自身の果《は》たす使命、この世に生まれ出た目的も自覚《じかく》できるのです。世界の見方が変わり、生き方が根底から変わる。自身の行動で現実を変えていけるのです。

だから「一人」が大事なのです。その根本精神は、どこまでも「一人を大切に」です。

私は、ここに「人間革命の宗教」の精髄《せいずい》を見ます。観念的《かんねんてき》、また抽象的《ちゅうしょうてき》に「一切衆生《しゅじょう》」や「全人類」を論《ろん》じるのではありません。

目の前の具体的な人間――その「一人」を幸福にできるかどうか。宿命《しゅくめい》を転《てん》換《かん》し、苦悩の闇《やみ》を晴らすことができるかどうかです。一人を救《すく》えないなら、その宗教は虚妄《こもう》になってしまう。一人に関わることに、宗教の存在意義の全《すべ》てがあるのです。

弟子の勝利を願われた戸田先生

その通りの責任感を担《にな》い立って、個人指導に当たられたのが戸田先生でした。次から次へ、ひっきりなしに指導を求めてくる会員の悩みに向き合い、あたかも逆巻《さかま》く激流に抗《こう》して、大聖人の仏法を唯一《ゆいいつ》の杭《くい》として屹立《きつりつ》し、一人また一人を懸命に指導されたのです。

戸田先生は、長らく宿命《しゅくめい》に泣き、不幸に沈《しず》んできた友が、大聖人の仏法に巡《めぐ》りあい、苦難《くなん》を乗り越えた勝利の報告を、「うれしい、うれしい」と何よりも喜ばれていました。反対に、「まだ良くなりません」と暗い顔を見ると、胸が引き裂《さ》かれるようだと悲しまれました。

愛する弟子たち一人一人の人間革命、宿命転換《しゅくめいてんかん》こそ、広宣流布の大誓願《だいせいがん》に生き抜かれた先生の日々の最大の関心事《かんしんじ》であったのです。

眼前《がんぜん》の一人の人間革命なくして、広宣流布という人類の宿命転換《しゅくめいてんかん》の大道《だいどう》はありません。この師匠《ししょう》の心をわが心とし、今、全世界で、一人一人の生命に向き合い、人間革命の希望と歓喜《かんき》を広げているのが、創価の同志です。

〝自分が変われば世界が変わる〟

次元は異《こと》なりますが、五十年ほど前、著名《ちょめい》なフランスの作家アンドレ・モロワ〈注8〉は『初めに行動があった』というエッセーの中で、「最も深い革命は精神的なものである。精神的革命は人間を変革し、こんどはその人間が世界を変革する」と、つづりました。

さらに、「真の革命はただ一人の人間の革命である」と言います。「より正確にいえば、ただ一人の人間も、――それが英雄であれ聖者《せいじゃ》であれ、――大衆《たいしゅう》に一つの手本を提供することができるし、その手本の模倣《もほう》は地球をもくつがえすであろう」と。

そうです。たった一人の人間革命から始まります。一人立つ、その手本に触《しょく》発《はつ》されて、一切が動きだすのです。「一人を手本として一切衆生《しゅじょう》平等」（御書五六四ページ）との御聖訓《ごせいくん》とも、深く響《ひび》き合う言葉です。

ともあれ人間革命は、一人の心から展開されます。しかも、それは、個人の内面に閉じ込められるものでは決してない。

「一念三千《いちねんさんぜん》の成仏《じょうぶつ》」であるゆえに、一念の生命に起こった変革の波動《はどう》は百界《ひゃっかい》千如《せんにょ》、三千世間と広がり、人間と人間、人間と環境世界との関係にまで及《およ》んでいく。自分が変われば、周囲が変わる。環境が変わり、世界が変わる――このダイナミックな大転換《だいてんかん》の起点こそ、「一人の人間革命」なのです。

それは個人の革命であると同時に、世界に開かれた革命です。自身の人生を力強《ちからづよ》く勝利すると同時に、結縁《けつえん》した人々の人生も豊かにする。「自他共《じたとも》の幸福」を築き、共生《きょうせい》の大地をも開拓《かいたく》していく革命です。

この自他《じた》の共生《きょうせい》を、現実の人間社会で可能にする確かな道筋《みちすじ》を示しているのが、法華経に説《と》かれる「不軽菩薩《ふきょうぼさつ》」〈注9〉の実践です。

御 文

過去《かこ》の不軽菩薩《ふきょうぼさつ》は一切衆生《いっさいしゅじょう》に仏性《ぶっしょう》あり法華経《ほけきょう》を持《たも》たば必《かなら》ず成仏《じょうぶつ》すべし、彼《か》れを軽《かろ》んじては仏《ほとけ》を軽んずるになるべしとて礼拝《らいはい》の行《ぎょう》をば立てさせ給《たま》いしなり、法華経を持たざる者《もの》をさへ若《も》し持ちやせんずらん仏性ありとてかくの如《ごと》く礼拝し給《たも》う

松野殿御返事《まつのどのごへんじ》、御書一三八二ジ一六行目〜八行目

現代語訳

過去の不軽菩薩《ふきょうぼさつ》は「一切の衆生《しゅじょう》には、みな仏性《ぶっしょう》がある。法華経を持《たも》つならば、必ず成仏《じょうぶつ》する。その一切衆生を軽《かろ》んずることは、仏《ほとけ》を軽んずることになる」と言って、一切の衆生に向かって礼拝《らいはい》の行《ぎょう》を立てら

れたのである。不軽菩薩は、法華経を持っていない者《もの》でさえも、「もしかしたら持つかもしれない。本来、仏性があるのだから」と、このように敬《うやま》い、礼拝されたのである。

万人礼拝《ばんにんらいはい》のたゆみない実践

これは「松野殿御返事《まつのどのごへんじ》」〈注10〉の一節です。法華経を持《たも》つ同信《どうしん》の友が謗《そし》り合うことがないよう「十四誹謗《じゅうしひぼう》」〈注11〉を挙《あ》げて戒《いまし》められ、特に不軽菩薩《ふきょうぼさつ》の礼拝行《らいはいぎょう》を通して、法華経を修行《しゅぎょう》する者《もの》の振《ふ》る舞《ま》いと、その精神を教えられています。

不軽菩薩《ふきょうぼさつ》は、会う人ごとに、「我《われ》は深《ふか》く汝等《なんだち》を敬《うやま》い、敢《あ》えて軽慢《きょうまん》せず。所以《ゆえん》は何《いか》ん、汝等は皆《みな》菩薩の道《どう》を行《ぎょう》じて、当《まさ》に作仏《さぶつ》することを得《う》べければなり」（法華経五五七ジペー）と言って礼拝《らいはい》・賛嘆《さんたん》することを、自《みずか》らの修行《しゅぎょう》としました。無理解の大衆《たいしゅう》から侮蔑《ぶべつ》され、迫害《はくがい》され続けても、不軽菩薩《ふきょうぼさつ》は賢《かしこ》く粘《ねば》り強《づよ》く礼拝行《らいはいぎょう》を貫《つらぬ》き通していったのです。

戸田先生が印《しるし》を付《ふ》して重視した法華経の一節です。

この人間尊敬のたゆみない実践を通して、不軽菩薩《ふきょうぼさつ》は「六根清浄《ろっこんしょうじょう》」〈注12〉の功徳《くどく》を得《え》て、成仏《じょうぶつ》の大果報《だいかほう》を得ます。六根清浄とは、生命の変革といえるでしょう。そして、なんと、不軽菩薩を罵《ののし》り攻撃した逆縁《ぎゃくえん》の人々もまた、やがて成仏の境涯《きょうがい》を開いていくことができるのです。

「生命尊厳《そんげん》」「人間尊敬」の哲学

「一切衆生《しゅじょう》に仏性《ぶっしょう》あり」――これが法華経の根本の視座《しざ》です。生命は最極《さいごく》の宝《たから》です。誰一人、大切でない人などいません。この生命尊厳《そんげん》と人間尊敬の根源の視座を知れば、自分を見る目も、他者を見る目も、いな、自分と他者の関係も、根底から変わります。

不軽菩薩《ふきょうぼさつ》は知ったのです。誰かを軽《かろ》んじることは仏《ほとけ》を軽んじることであり、自分自身をも軽んじることになる、と。

不軽菩薩《ふきょうぼさつ》は人々の仏性《ぶっしょう》を信じて、会う人ごとに礼拝《らいはい》しました。仏法の眼《まなこ》は、その不軽菩薩を杖木瓦石《じょうもくがしゃく》や悪口《あっこう》をもって迫害《はくがい》した増上慢《ぞうじょうまん》の大衆《たいしゅう》たちの仏性もまた、不軽菩薩の仏性を礼拝していると見るのです。

「鏡《かがみ》に向《むか》って礼拝《らいはい》を成《な》す時浮《ときうか》べる影又我《かげまたわれ》を礼拝するなり」（御書七六九ジペー）と仰《おお》せの通り、生命と生命は相互関係です。自分自身が大切であるということは、他者も大切な存在なのです。いな、他者の尊厳《そんげん》を知って大切にしてこそ、自身の尊厳も輝《かがや》くのです。この〝気づき〟が、自他《じた》の共生《きょうせい》の土台となるのです。

たとえ「法華経を持《たも》たざる者《もの》」であっても、その外面的《がいめんてき》なことによって排斥《はいせき》しない。いかなる人であれ、「もしかしたら持つかもしれない。本来、仏性《ぶっしょう》があるのだから」と見るのが、不軽菩薩《ふきょうぼさつ》のまなざしです。

ここに、真の寛容《かんよう》を実現する依拠《いきょ》もあります。思想信条の違いを超えて、生命尊厳《そんげん》の真実に目覚める善《ぜん》の可能性において、人間を信じ抜ける視座《しざ》があります。

大聖人は「法華経の修行《しゅぎょう》の肝心《かんじん》は不軽品《ふきょうぼん》であり、「不軽菩薩《ぼさつ》の人を敬《うやま》いしは・いかなる事《こと》ぞ教主釈尊《きょうしゅしゃくそん》の出世《しゅっせ》の本懐《ほんかい》は人の振舞《ふるまい》にて候《そうらい》けるぞ」（御書一一七四ジ゙ペー）と仰《おお》せです。

私たちは、この不軽菩薩《ふきょうぼさつ》の人間尊敬の振《ふ》る舞《ま》いを、わが身で実践してまいりたい。

一人一人が師子《しし》になる宗教

私は、米国のハーバード大学で「二十一世紀文明と大乗仏教《だいじょう》」と題して行った講演の中で、時代が求める「ヒューマニズムの宗教」を考察するに際《さい》して、次のような指標《しひょう》を提示しました（一九九三年九月）。

——はたして宗教をもつことが、

人間を強くするのか、弱くするのか、
人間を善《よ》くするのか、悪くするのか、
人間を賢《かしこ》くするのか、愚《おろ》かにするのか、と。
この視点を、今なお、いな、今こそ、いよいよ大切にしていきたい。
人間を、強くし、善《よ》くし、賢《かしこ》くする。それには、どうしても自《みずか》らの教育、鍛《たん》錬《れん》、さらには変革が必要です。なかんずく、無軌道《むきどう》な欲望《よくぼう》や慢心《まんしん》、惰性《だせい》、利己《りこ》主義、また困難《こんなん》に直面《ちょくめん》しての臆病《おくびょう》やあきらめといった、総《そう》じて精神的な「弱さ」に、人間が負けない強さというものを、どうすれば陶冶《とうや》できるのか。
生命をありのままに見つめ、「貪《むさぼ》り」「瞋《いか》り」「癡《おろ》か」の三毒《さんどく》に支配されて低きに流れる不幸の重力をはね返していくために、生命を鍛《きた》え、根本から変革することを目指さなければ、宗教は堕落《だらく》です。
だからこそ、人間革命が大切なのです。一人一人を強くし、善《よ》くし、賢《かしこ》くする「人間革命の宗教」が、一段と興隆《こうりゅう》するべき時です。

――ある年《とし》の瀬《せ》、新春から始まる、不可能とも思える困難《こんなん》な挑戦へ、一人呻《しん》吟《ぎん》する私の苦衷《くちゅう》を見抜かれたように、戸田先生が声を掛けてくださいました。

「大ちゃん、人生は悩まねばならぬ。悩んではじめて、信心もわかる、偉大《いだい》な人になるのだ」と。

今の苦悩は全《すべ》て、人間革命のための修行《しゅぎょう》です。人間は人間以上にはなれない。なる必要もありません。苦闘《くとう》の中で、どこまでも人間として成長し、偉大《いだい》な人間になるための信心であり、それが人間革命なのです。

戸田先生はよく、「強く生きよ」「この信心は師子《しし》をつくるのだ」と言われました。

「師子《しし》」とは、仏《ほとけ》の異名《いみょう》です。師が師子王《ししおう》であれば、弟子も師子王となるのです。何があっても負けない。師子となって戦っていく。これこそ、誇り高き創価の人間革命の真髄《しんずい》です。

一人立つ「負けじ魂《だましい》の勇者」

大聖人は、佐渡《さど》流罪《るざい》の法難《ほうなん》の中に、精神の王者として厳然《げんぜん》と叫《さけ》ばれました。

「悪王《あくおう》の正法《しょうほう》を破《やぶ》るに邪法《じゃほう》の僧等《そうら》が方人《かたうど》をなして智者《ちしゃ》を失《うしな》はん時は師子王《ししおう》の如《ごと》くなる心をもてる者《もの》必ず仏《ほとけ》になるべし例《れい》せば日蓮が如《ごと》し」（御書九五七ページ）

人間革命は、勇気から始まります。大事な時に、わが胸中《きょうちゅう》の「師子王《ししおう》の如《ごと》くなる心」を涌現《ゆげん》させるための信仰です。

いかなる苦難《くなん》の嵐があろうとも、師子王《ししおう》となって一人立つ。この負けじ魂《だましい》の勇者が「必ず仏《ほとけ》になるべし」なのです。

さあ、我《われ》らの凱歌《がいか》の大潮流《だいちょうりゅう》が「民衆の世紀」を創《つく》ります。「新時代」の開幕です。私は全世界の地涌《じゆ》の同志に、なかんずく後継《こうけい》の青年たちに呼びかけたい。

「君たちよ、貴女《あなた》たちよ、師子王《ししおう》の心で立ち上がれ！　今いる場所で、『わが人間革命の姿を見よ！』と、勝利の旗《はた》を掲《かか》げゆけ！」

「陽出《ひい》ずる二十一世紀に　人間革命　光あれ！」

［注　解］

〈注1〉【新池《にいけ》御書】遠江国《とおとうみのくに》（静岡県西部）付近《ふきん》に住む門下《もんか》・新池殿に与えられたとされる御消息《ごしょうそく》。法華経流布《るふ》の末法《まっぽう》に生まれ合わせたことを喜び、信心こそ成仏《じょうぶつ》の根本であるとし、怠《おこた》らず励《はげ》むよう指導されている。

〈注2〉【歴劫修行《りゃっこうしゅぎょう》】成仏《じょうぶつ》のために無数の劫《こう》を歴《へ》て修行すること。

〈注3〉【法蓮抄《ほうれんしょう》】建治元年《けんじがんねん》（一二七五年）四月、曾谷教信《そやきょうしん》に与えられた御消息《ごしょうそく》。末法《まっぽう》の法華経の行者《ぎょうじゃ》を謗《ぼう》ずる罪、供養《くよう》する功徳《くどく》を説《と》かれ、法華経による亡父《ぼうふ》の追善《ついぜん》供養は最高の親孝行である等と説かれている。日蓮大聖人は、曾谷教信の信心を称賛《しょうさん》し、「法蓮上人《しょうにん》」と呼ばれた。

〈注4〉【十界互具《じっかいごぐ》】法華経に示された万人成仏《ばんにんじょうぶつ》の原理。地獄界《じごくかい》から仏界《ぶっかい》までの各界が、次の瞬間に現れる十界を因《いん》として具《そな》えていること。この十界互具によって九界と仏界の断絶《だんぜつ》がなくなり、あらゆる衆生《しゅじょう》の成仏が可能になった。

〈注5〉【一念三千《いちねんさんぜん》】衆生《しゅじょう》が瞬間瞬間に起こす一念の心に、現象世界のすべて（三千）が納まること。天台大師《てんだいだいし》が法華経の教説《きょうせつ》に基《もと》づいて『摩訶止観《まかしかん》』で立てた法門《ほうもん》。万人成仏《ばんにんじょうぶつ》の根拠となることから、法華経の極理《ごくり》を表現した法理《ほうり》ともされる。

〈注6〉**【提婆達多《だいばだった》】**最初、釈尊《しゃくそん》に従《したが》っていたが、慢心《まんしん》を起こして釈尊に敵対し、暗殺を謀《はか》るなど重大な悪事を積み重ねた。

〈注7〉**【挙一例諸《こいちれいしょ》】**一例を挙《あ》げて他の諸例《しょれい》に通じさせること。『法華文句記《ほっけもんぐき》』巻七の一節で、竜《りゅう》女《にょ》が即身成仏《そくしんじょうぶつ》したという例をもって、一切の女人《にょにん》の成仏の例証《れいしょう》としている。

〈注8〉**【アンドレ・モロワ】**一八八五年～一九六七年。フランスの小説家、伝記作家、評論家。引用の言葉は、『初めに行動があった』大塚幸男訳（岩波書店）。

〈注9〉**【不軽菩薩《ふきょうぼさつ》】**法華経不軽品《ふきょうぼん》第二十に説《と》かれる菩薩。釈尊《しゃくそん》の過去世《かこせ》の姿で、威音王仏《いおんのうぶつ》の像法《ぞうほう》時代の末《まつ》に、万人《ばんにん》を礼拝《らいはい》した。慢心《まんしん》の人々から迫害《はくがい》を受けたが、礼拝行《ぎょう》を貫《つらぬ》き通し、その修行《しゅぎょう》が因《いん》となって成仏《じょうぶつ》した。

〈注10〉**【松野殿御返事《まつのどのごへんじ》】**建治《けんじ》二年（一二七六年）十二月、松野六郎左衛門入道《ろくろうざえもんにゅうどう》に与えられた御消《ごしょう》息《そく》。聖人の唱《とな》える題目《だいもく》も凡夫《ぼんぷ》の唱える題目も信心があれば勝劣《しょうれつ》はないとされ、法華経を持《たも》つ者《もの》を謗《そし》ってはならないと戒《いまし》められる。そして雪山童子《せっせんどうじ》の故事《こじ》を示され、余念《よねん》なく題目を唱え、随力弘通《ずいりきぐつう》していくよう励《はげ》まされている。

〈注11〉**【十四誹謗《じゅうしひぼう》】**法華経譬喩品《ひゆほん》第三に説《と》かれた十四種の法華経誹謗のこと。①憍慢《きょうまん》②懈怠《けたい》③計我《けいが》④浅識《せんしき》⑤著欲《じゃくよく》⑥不解《ふげ》⑦不信《ふしん》⑧顰蹙《ひんしゅく》⑨疑惑《ぎわく》⑩誹謗《ひぼう》⑪軽善《けいぜん》⑫憎善《ぞうぜん》⑬嫉善《しつぜん》⑭恨善《こんぜん》。

〈注12〉**【六根清浄《ろっこんしょうじょう》】**眼《まなこ》・耳・鼻・舌・身《み》・意《い》の六根が、煩悩《ぼんのう》のけがれを払《はら》い落として清らかになること。法師功徳品《ほっしくどくほん》第十九には「若《も》し善男子《ぜんなんし》・善女人《ぜんにょにん》、是《こ》の法華経を受持《じゅじ》し、若しは読み若しは誦《じゅ》し、若しは解説《げせつ》し、若しは書写《しょしゃ》せば、是の人《ひと》は当《まさ》に八百の眼《まなこ》の功徳・千二百の耳の功徳・八百の鼻の功徳・千二百の舌の功徳・八百の身《み》の功徳・千二百の意《い》の功徳を得《う》べし。是の功徳を以《もっ》て、六根《ろっこん》を荘厳《しょうごん》して、皆清浄《みなしょうじょう》ならしめん」（法華経五二七ページ）と説《と》かれる。

対　話——人間の絆《きずな》を強める大慈悲心《だいじひしん》

なぜ、語り掛けるのか？

それは、「目の前の一人」を幸福にするためです。

これが釈尊《しゃくそん》以来の仏教の根本精神であり、そして、末法《まっぽう》の御本仏《ごほんぶつ》・日蓮大聖人《にちれんだいしょうにん》に貫《つらぬ》かれ、わが創価学会が受け継《つ》いでいる仏《ほとけ》の根幹の願いです。

「伝統の二月闘争《とうそう》」は、地涌《じゆ》の使命に目覚めた一人一人が、決然と立ち上がって始まった、痛快なる対話の拡大劇でした。

当時、恩師《おんし》・戸田城聖《じょうせい》先生の願業《がんぎょう》である七十五万世帯を目指して、各支部が折伏《しゃくぶく》に果敢《かかん》に挑戦していた。しかし、遅々《ちち》として進まず、恩師は「このままでは、広宣流布《こうせんるふ》に五万年もかかってしまう」と嘆《なげ》かれていたのです。

ある日、恩師《おんし》は「大作《だいさく》、立ち上がってくれないか」と言われました。

私は即答しました。

「わかりました。先生がびっくりするような折伏《しゃくぶく》の攻勢に転《てん》じてご覧《らん》にいれます。

先生はゆっくりと見ていてください」

一九五二年（昭和二十七年）二月、私は蒲田《かまた》支部の支部幹事として指揮《しき》を執《と》り、支部の同志と共に対話のうねりを巻き起こしました。

友の幸福願う「真剣さ」と「粘《ねば》り」

当時、どの支部も月に百世帯の弘教《ぐきょう》がやっとでした。しかし、この二月、わが蒲田《かまた》支部は一カ月間で二百一世帯の弘教を成《な》し遂《と》げ、一挙《いっきょ》に、また悠々《ゆうゆう》と限界を突破《とっぱ》したのです。

一世帯一世帯の折伏《しゃくぶく》が、一人の友の幸福を祈り抜く「真剣さ」と「粘《ねば》り」の結晶です。

最終日、すでに目標の二百世帯は達成していましたが、「ちょっと待って」と、二百一世帯目の折伏《しゃくぶく》を報告してくれたのも、婦人部の方でした。

蒲田《かまた》支部が壁《かべ》を打ち破ることによって、各支部も一カ月に百世帯を大きく超える弘教《ぐきょう》ができるようになり、恩師《おんし》の願業《がんぎょう》の実現に向かって、広布は加速したのです。

〝自分から話しかける人〟

恩師《おんし》はよく語られていました。

「広宣流布は一対一の膝詰《ひざづ》めの対話からだ」

仏法は、「対話の宗教」です。

釈尊《しゃくそん》は、一人の人間として、自《みずか》ら人々の中に分《わ》け入《い》って、語り掛けました。

それは、〝不幸な人を放《ほう》っておけない。救《すく》いたい〟という、崇高《すうこう》な慈悲《じひ》の精神の体現でした。

そうした釈尊《しゃくそん》の語らいの姿は、次のように伝えられています。

「実に〈さあ来なさい〉〈よく来たね〉と語る人であり、親しみあることばを語り、喜びをもって接し、しかめ面《つら》をしないで、顔色《がんしょく》はればれとし、自分のほうから先に話しかける人である」（『ゴータマ・ブッダⅡ』、『中村元選集〔決定版〕第12巻』所収、春秋社）と。

私たちが繰り広げる励《はげ》ましと誠実の語らいは、自《みずか》ら喜び勇《いさ》んで、軽《かろ》やかに、楽しく、そして友の心を優しく包みこむ、民衆仏法の対話運動そのものなのです。

それでは、人間革命の大動脈《だいどうみゃく》ともいうべき仏法対話の精神を学んでいきましょう。

御文

立正安国論《りっしょうあんこくろん》、御書一七ジペー十行目

主人《しゅじん》の曰《いわ》く独《ひと》り此《こ》の事《こと》を愁《うれ》いて胸臆《くおく》に憤悱《ふんぴ》す客来《きゃくきた》って共《とも》に嘆《なげ》く屢《しばしば》談話《だんわ》を致《いた》さん

現代語訳

主人が言う。自分も一人でこのことを憂《うれ》い、胸の中で憤《いきどお》ってもどかしい思いでいたところ、あなたが来て同じことを嘆《なげ》くので、しばらく、これについて語り合おうと思う。

「憂《うれ》いの共有」こそ対話の第一歩

ここで、共に拝《はい》する「立正安国論《りっしょうあんこくろん》」〈注1〉は、客の苦悩の声に、主人が真摯《しんし》に耳を傾《かたむ》けることから語らいが始まります。

客が飢饉《ききん》、疫病《えきびょう》などによる社会の惨状《さんじょう》を嘆《なげ》き、それを食い止めたいとの熱意を吐露《とろ》したことに対し、「独《ひと》り此《こ》の事《こと》を愁《うれ》いて胸臆《くおく》に憤悱《ふんぴ》す」と、主人も同じ悩みを共有していたことを明かします。

この「憂《うれ》いの共有」こそが、民衆の救済《きゅうさい》へ、社会の変革を目指し、未来を照らす対話を開始する糸口《いとぐち》となっているのです。

次元は異《こと》なりますが、イギリスの歴史学者・トインビー博士〈注2〉と私の対談も、「共に平和の世界を築くにはどうしたらよいか」という「憂《うれ》いの共有」が出発点でした。

博士は東洋の大乗《だいじょう》仏教に注目し、学会が進める民衆仏法の運動に共感され、私に対談を呼び掛ける書簡《しょかん》を送ってくださったのです。

博士は慈父《じふ》のように、四十歳近く若い私を大切にしてくださり、現代社会が直面《ちょくめん》する諸課題について、真剣に対話を重ねることができました。対談を開始してから半世紀に及《およ》びます。博士との対談集は、二十八言語で発刊され、世界中で読まれてきました。トインビー博士も、きっと喜んでくださっていると思います。

相手の心を包む「蘭室《らんしつ》の友」

「立正安国論《りっしょうあんこくろん》」に戻りますと、冒頭《ぼうとう》で憂《うれ》いを共有した主人と客が、それぞれの信念に基《もと》づいた白熱《はくねつ》の議論を交《か》わします。次々に語られる客の疑念を主人が一つ一つ解《と》きほぐしながら、納得と共感と信頼を勝ち得ていきます。

その様子を「蘭室《らんしつ》の友に交《まじわ》りて」（御書三一ページ）と示されています。かぐわしい蘭が置かれた部屋にいると、自然と香りが染《し》みついていくように、主人の慈《じ》悲《ひ》の香りが相手の心を包み込んでいくのです。

相手の心が開き、大きく動いていくのは、どこまでも人間的な魅力《みりょく》、人格の力《ちから》です。それは、自身の置かれている立場や肩書《かたがき》によるものでは決してない。一人の人間としての生き方に現れるといっていいでしょう。

いかなる境遇《きょうぐう》であれ、人々のため、社会のために尽くしながら、朗《ほが》らかに、確信に満《み》ちて力強《ちからづよ》く生きる姿は、相手の心を揺《ゆ》り動かさずにはおきません。

私たち一人一人は、妙法を持《たも》って広宣流布《こうせんるふ》、立正安国《りっしょうあんこく》の大願《だいがん》に生き抜く時、知らず知らずのうちに、尊貴《そんき》な「蘭《らん》」の如《ごと》き生命と薫《かお》っていきます。私たちの対話は、慈悲《じひ》の祈りから始まります。妙法とともに生きる私たちが、一人また一人と対話を重ねて縁《えん》を結んでいけば、その人々もまた自身の内発《ないはつ》の可能性を開いていくことができるのです。

「誓いの共有」こそ対話の決着点

「立正安国論《りっしょうあんこくろん》」では最後に、客が「唯我《ただわ》が信ずるのみに非《あら》ず又他《またた》の誤《あやま》りをも誡《いまし》めんのみ」（御書三三ジベー）と自《みずか》らの決意を披歴《ひれき》します。いうならば、主人と客とが「誓いの共有」をしていく場面で終わっています。

ここに私たちの目指す、対話の真の目的が明確に示されています。

何より、真実に目覚め、同じ誓いで結ばれた人が一人、また一人と広がっていくことが、「安国《あんこく》」を築く原動力となります。まさしく「憂《うれ》いの共有」から「誓いの共有」へと昇華《しょうか》しゆく「立正安国《りっしょうあんこく》の対話」が、世界平和の礎《いしずえ》となっていくことは間違いない。

この「創価の対話」には、相手の仏性《ぶっしょう》を信ずる力《ちから》が備《そな》わっています。相手の仏性を呼び覚ましてこそ、自他共《じたとも》の真の幸福を実現できるのです。この自他共の仏性を信ずる「確信の共有」が、いかなる差異も超えて、「幸福の共有」となり「平和の共有」となる。これこそ世界で求められている対話の真髄《しんずい》ではないでしょうか。

御文

御義口伝《おんぎくでん》、御書七六九ジペー五行目～六行目

不軽礼拝《ふきょうらいはい》の行《ぎょう》は皆当作仏《かいとうさぶつ》と教《おし》うる故《ゆえ》に慈悲《じひ》なり、既《すで》に杖木《じょうもく》瓦石《がしゃく》を以《もっ》て打擲《ちょうちゃく》すれども而強毒之《にごうどくし》するは慈悲《じひ》より起《おこ》れり、仏《ぶっ》心《しん》とは大慈悲心是《だいじひしんこれ》なりと説《と》かれたれば礼拝《らいはい》の住処《じゅうしょ》は慈悲《じひ》なり云云《うんぬん》

現代語訳

不軽菩薩《ふきょうぼさつ》の礼拝《らいはい》の行《ぎょう》は、一切衆生《しゅじょう》の生命に内在する仏性《ぶっしょう》を開かせ、皆を成仏《じょうぶつ》させるので、慈悲《じひ》である。杖木《じょうもく》瓦石《がしゃく》をもって打ち叩かれても、なおも、強《し》いて折伏《しゃくぶく》するのは、慈悲の一念《いちねん》から起こるのである。

仏心《ぶっしん》とは大慈悲心《だいじひしん》であると説《と》かれているのであるから、不軽のこうした礼拝のよりどころは慈悲なのである。

忍辱《にんにく》の鎧《よろい》を着て悪世《あくせ》に戦う

不軽菩薩《ふきょうぼさつ》の礼拝行《らいはいぎょう》が、慈悲《じひ》に貫《つらぬ》かれていることを教えられた「御義口伝《おんぎくでん》」〈注3〉の一節です。ここには、「既《すで》に杖木瓦石《じょうもくがしゃく》を以《もっ》て打擲《ちょうちゃく》すれども而強毒之《にごうどくし》するは慈悲より起《おこ》れり」と仰《おお》せです。

まず、不軽菩薩《ふきょうぼさつ》の礼拝行《らいはいぎょう》は、心が汚《けが》れた衆生《しゅじょう》に瞋恚《しんに》〈注4〉の心を起こさせ、迫害《はくがい》を受けることになります。というのも、不軽菩薩は、心根《こころね》の悪い人々から〝不軽は仏法の法理《ほうり》も極《きわ》め尽くさず、礼拝行しかしていない〟と、蔑《さげす》まれていた。人々は、自分より下と見下《みくだ》していた不軽菩薩から、「皆当作仏《かいとうさぶつ》」、すなわち「菩薩道の修行《しゅぎょう》をすれば、必ず仏《ほとけ》になれる」と礼拝されても、信じられるわけがないと反発したというのです。

草創《そうそう》の同志も同じでした。それぞれに悩みを抱《かか》え、生活苦や病気など、宿命《しゅくめい》と戦う姿そのままで、折伏《しゃくぶく》に歩いたのです。「自分が幸せになってから来い」などと、どれほど軽《かろ》んじられ、悪口《あっこう》を浴《あ》びせられたことでしょうか。

しかし、不軽菩薩《ふきょうぼさつ》が軽毀罵詈《きょうきめり》を忍受《にんじゅ》して、六根清浄《ろっこんしょうじょう》の功徳《くどく》〈注5〉を得たように、わが誇り高き不屈《ふくつ》の同志たちは、難《なん》を受けるたびに、「これでまた人間革命できる。宿命転換《しゅくめいてんかん》できる」と、喜び勇《いさ》んで弘教《ぐきょう》に走りました。「忍辱《にんにく》」の鎧《よろい》をまとった、真正なる「地涌《じゆ》の戦士」の凱歌《がいか》がここにあります。

滅後《めつご》弘通《ぐつう》の方軌《ほうき》「衣座室《えざしつ》の三軌《さんき》」

法華経には、悪世末法《あくせまっぽう》の弘通《ぐつう》の方軌《ほうき》として「衣座室《えざしつ》の三軌《さんき》」という考え方があります〈注6〉。これは、「如来《にょらい》の室《しつ》（部屋）」に入り、「如来の衣《ころも》」を着《き》、「如来の座《ざ》」に座って法を説《と》くという、「如来の心」を示したものです。

「如来《にょらい》の使い」として「如来の事《じ》」(仏《ほとけ》の仕事)を行《ぎょう》ずる実践に置き換えれば、まず、私たちは柔和忍辱《にゅうわにんにく》の心で(如来の衣《ころも》を着て)、迫害《はくがい》に厳然《げんぜん》と耐え忍ぶことができる。「耐える」というのは受け身ではありません。真の勇気があるからこそ、「能忍《のうにん》」つまり「能《よ》く忍んで」、ついには勝つことができるのです。「如来《にょらい》の座《ざ》」とは、一切法空《いっさいほうくう》という境地《きょうち》、すなわち自在の智慧《ちえ》です。それは、何かに執着《しゅうちゃく》してとらわれる自分から、広宣流布を根本目的として行動する不惜《ふしゃく》の実践によって得られる真実の智慧を指します。具体的に言えば、さまざまな先入観や偏見《へんけん》、思い込みから自由になり、その結果、ものごとの本質が如《にょ》実《じつ》に見え、すべての人に具《そな》わる仏性《ぶっしょう》がありありと見えるようになるのです。「如来《にょらい》の室《しつ》」とは、大慈悲心《だいじひしん》です。それは、大いなる慈悲の生命空間に友を招《まね》き入れ、すべての人々を包み込んでいく境涯《きょうがい》ともいえましょう。

慈悲《じひ》があるからこそ、なんとしてもその人を救《すく》いたいという智慧《ちえ》が生まれる。相手の無理解からの批判《ひはん》や悪口《あっこう》に耐え抜くこともできる。この滅後弘通《めつごぐつう》の方軌《ほうき》を示す先覚《せんがく》のモデルこそ、正法《しょうほう》が滅《めっ》して大勢力《だいせいりょく》の増上慢《ぞうじょうまん》がいる時代に立ち上がった不軽菩薩《ふきょうぼさつ》なのです。

戸田先生がよく言われたように、私たちにとって、慈悲《じひ》に代わるのが勇気です。現実の悪世《あくせ》にあって、まだ目覚めていない人々の仏性《ぶっしょう》を目覚めさせる対話行《ぎょう》に、勇敢《ゆうかん》に忍耐《にんたい》強く邁進《まいしん》している学会員こそ、この「衣座室《えざしつ》の三軌《さんき》」の体現者であり、現代の不軽菩薩《ふきょうぼさつ》にほかなりません。

最高の仏縁《ぶつえん》を結ぶ「対話の力《ちから》」

不軽菩薩《ふきょうぼさつ》は、迫害《はくがい》を受けても、礼拝行《らいはいぎょう》を止《や》めませんでした。礼拝行は生命と生命の対話です。その礼拝行を貫《つらぬ》き通したのは相手の仏性《ぶっしょう》を信じ抜いているからです。

「而強毒之《にごうどくし》」（而《しか》も強《し》いて之《これ》を毒《どく》す）の意義を大聖人は、「とてもかくても法華経を強いて説《と》き聞かすべし、信ぜん人は仏《ほとけ》になるべし謗《ぼう》ぜん者《もの》は毒鼓《どっく》の縁《えん》となって仏になるべきなり」（御書五五二ページ）と示されています。祈りと確信を込めた慈悲《じひ》の振《ふ》る舞《ま》いは、必ず「仏縁《ぶつえん》」となります。その時は、かりに反発されたとしても、相手の生命の奥深くに仏縁を結んでいるのです。不軽菩薩《ふきょうぼさつ》を迫害《はくがい》した増上慢《ぞうじょうまん》の四衆《ししゅ》〈注7〉も、最後は、逆縁《ぎゃくえん》の功徳《くどく》で再び不軽菩薩に巡《めぐ》り合い、全員が幸福への道を開いた。これが法華経の哲理です。

したがって、相手の機根《きこん》がどうあれ、私たちが臆《おく》さずに仏縁《ぶつえん》を結べば、相手の仏性《ぶっしょう》をいつか呼び起こしていくことができます。相手の幸せを本気で祈ることは、自他共《じたとも》の仏性を確信することでもあります。だからこそ、目先の反応に一喜一憂《いっきいちゆう》せず、不軽菩薩《ふきょうぼさつ》のように聡明《そうめい》に粘《ねば》り強《づよ》く仏法を語り抜くのです。

「仏心《ぶっしん》とは大慈悲心是《だいじひしんこれ》なり」

「御義口伝《おんぎくでん》」の一節には、「仏心《ぶっしん》とは大慈悲心是《だいじひしんこれ》なり」とあり、仏《ほとけ》の生命とは慈悲の心であると、明確に仰《おお》せです。「仏心」とは、一切衆生《しゅじょう》の成仏《じょうぶつ》を願う大慈悲なのです。

それは何か特別な生命ではありません。大聖人と誓願《せいがん》を同じくして、「あの人を幸せにしたい」と行動する色心《しきしん》にこそ、仏界《ぶっかい》の生命が厳然《げんぜん》と輝《かがや》くことを教えられているのです。

「気の毒だという気持ちが折伏《しゃくぶく》の根本である」と戸田先生は言われていました。

しかし、慈悲《じひ》とは〝上〟から〝下〟へ施《ほどこ》すような一方通行ではありません。

相手と同じ大地に立ち、相手の仏性《ぶっしょう》を信じ抜く行為《こうい》にほかなりません。

慈悲《じひ》は、相手を大切に思う「思いやり」、必ず変わると信じて関わり続ける「忍耐力《にんたいりょく》」、相手が反発するかもしれないという臆病《おくびょう》の心を打ち破る「勇気」となって現れるのです。

仏法対話は、最高に相手を尊敬する慈悲《じひ》の行動です。仏《ほとけ》の慈悲《じひ》の誓願《せいがん》に合致《がっち》して、仏法対話を広げれば、自身の生命も磨《みが》かれます。自行化他《じぎょうけた》にわたる究極《きゅうきょく》の仏道修行《ぶつどうしゅぎょう》です。歓喜踊躍《かんきゆやく》しないはずがない。私たちは、三千諸法《さんぜんしょほう》というさまざまな境涯《きょうがい》の人に対話を重ねていったぶんだけ自身の境涯を広げ、慈悲の生命を強くしていくことができるのです。

「難問答《なんもんどう》に巧《たく》みにして　其《そ》の心に畏《おそ》るる所《ところ》無《な》く　忍辱《にんにく》の心は決定《けつじょう》し」（法華経四七二㌻）とあるように、地涌《じゆ》の菩薩《ぼさつ》は「対話の達人《たつじん》」です。私たちは、仏法対話という仏道修行《ぶつどうしゅぎょう》を通して、自他共《じたとも》に境涯《きょうがい》を変革し、慈悲《じひ》を根底とした、偉《い》大《だい》なる人間革命の人生を築き上げていくことができるのです。

御文

諸法実相抄《しょほうじっそうしょう》、御書一三六〇ジペー九行目〜十行目

日蓮一人《いちにん》はじめは南無妙法蓮華経と唱《とな》へしが、二人《ににん》・三《さん》人《にん》・百人《ひゃくにん》と次第《しだい》に唱《とな》へつたふるなり、未来《みらい》も又《また》しかるべし、是《これ》あに地涌《じゆ》の義《ぎ》に非《あら》ずや

現代語訳

はじめは日蓮一人が南無妙法蓮華経と唱《とな》えたが、二人・三人・百人と次第に唱え伝えてきたのである。未来もまたそうであろう。これが「地涌《じゆ》の義《ぎ》」ではないだろうか。

二十一世紀の地涌《じゆ》の大行進を

「諸法実相抄《しょほうじっそうしょう》」〈注8〉には、未来にわたる広布の方程式が示されています。地涌《じゆ》の菩薩《ぼさつ》は、法華経涌出品《ゆじゅっぽん》で、大地から躍《おど》り出た菩薩です。その数は、ガンジス河の砂の数の六万倍ともいいます。光り輝《かがや》く無量《むりょう》無数の地涌の菩薩たちは、さらに無数の眷属《けんぞく》を率《ひき》いて大地の底から出現しました。

広宣流布が拡大すればするほど、地涌《じゆ》の陣列《じんれつ》はますます広がっていきます。尽きることは断《だん》じてありません。

私は、世界広布の草創期《そうそうき》、訪れたその地にまだメンバーが一人もいなくとも、将来、この地に必ず地涌《じゆ》の菩薩《ぼさつ》が澎湃《ほうはい》と出現するのだと、その国の大地に染《し》みこませる思いで題目《だいもく》を唱《とな》えてきました。世界中、私が訪れた地域、また同志と妙法の種を蒔《ま》いてきた地域に今、地涌の大陣列《だいじんれつ》が築かれています。いずこの国、いずこの地にあっても、必ず、広布の使命に召《め》し出《いだ》されて地涌の菩薩が躍《おど》り出ます。それが「一人《いちにん》はじめは南無妙法蓮華経と唱《とな》へし」との大聖人の大確信なのです。

しかも、ありがたいことに、「未来も又《また》しかるべし」と御断言《ごだんげん》です。未来永遠にわたって地涌《じゆ》の拡大は続いていきます。

ゆえに、大胆に、誠実に、恐れることなく、正義を語り抜くことです。

この地球を我《われ》らの対話で包むことこそ、大聖人の御遺命《ごゆいめい》を担《にな》う、広宣流布の闘士《とうし》の崇高《すうこう》なる使命です。

「自分に勝つ」ことが勝利への道

「伝統の二月闘争《とうそう》」は、御本仏《ごほんぶつ》・日蓮大聖人の御聖誕《ごせいたん》の月を、また、恩師《おんし》・戸田先生の誕生月を、折伏《しゃくぶく》の結果で荘厳《そうごん》しようという、報恩《ほうおん》感謝と師弟共戦《していきょうせん》の深き一念《いちねん》が出発点でした。また、そのことを支部の方々に青年らしく訴《うった》えました。それが皆の心の壁《かべ》を破り、現実の行動になったからこそ、突破口《とっぱこう》を開いたのです。

口先だけ、心で思っているだけでは、感謝も信仰も観念《かんねん》にすぎない。実行・実践があってこそ、現実に価値を生み出し、生きたものとなります。強き思いは、なんとしても実現しようという「決意」を育《はぐく》み、困難《こんなん》をも恐れぬ「勇気」を奮《ふる》い立たせ、現実を開く「智慧《ちえ》」を湧《わ》き立たせます。

大事なことは自分に勝つことです。あの二月闘争《とうそう》で、わが友は、宿命《しゅくめい》に縛《しば》られる心を解《と》き放《はな》ち、決然と仏法対話に立ち上がりました。そこに、内なる仏界《ぶっかい》が開かれ、「如来《にょらい》の使い」として、「如来の事《じ》」を行《ぎょう》ずる力《ちから》が発揮《はっき》されていったのです。

体裁《ていさい》や格好《かっこう》などではなく、地涌《じゆ》の使命に立ち上がった一人一人の強靱《きょうじん》な生命、これこそが仏《ほとけ》の慈悲《じひ》と勇気の証《あかし》です。

当時、入会まもない婦人の折伏《しゃくぶく》に私が付《つ》き添《そ》った道すがらのことです。その方は緊張で足もすくんでいる様子でした。私は「学会歌を歌って楽しくいきましょう！」と申《もう》し上げました。最初はか細《ぼそ》い声でしたが、何回も「同志の歌」を口ずさむうちに、みるみる元気になっていきました。懐《なつ》かしい思い出です。皆が自分に勝ったのです。人間革命した、その生まれ変わった姿が、真実の共感を呼び、弘教《ぐきょう》が実《みの》っていったのです。

創価学会の対話運動への期待

仏法の師弟《してい》の大誓願《だいせいがん》である「広宣流布」には、その文字の中に、すでに対話の魂《たましい》が込められています。「広宣」とは「広く宣《の》べる」との意味です。対話の実践がなければ、広宣流布は成《な》し遂《と》げられません。

この対話の拡大をもって広宣流布の大波《おおなみ》を起こし、市井《しせい》の庶民から国家指導者に至《いた》るまで、誰とでも自在に語られた「対話の王者」が戸田先生でした。その弟子として、私は、世界の指導者、識者らと、宗教や文化の違いを超えて、開かれた心で平和の語らいを幾重《いくえ》にも広げてきました。また、老若男女《ろうにゃくなんにょ》を問わず出会いを結び、仏縁《ぶつえん》を拡大してきました。

私が開拓《かいたく》した対話の道を、世界の若き同志が同じ思いで、大きく広げてくれています。この運動を世界の識者が讃嘆《さんたん》し、大きな期待を寄せてくれています。

エマソン協会元会長のサーラ・ワイダー博士〈注9〉は、「SGI（創価学会インタナショナル）には対話があります。人間の最良の社会を築こうとする尊《とうと》い目的があります。全《すべ》ての生命を等《ひと》しく成長させ、繁栄《はんえい》させゆく生命の力《ちから》にあふれていますと、讃《たた》えてくださっています。

世界的な文化人類学者のヌール・ヤーマン博士〈注10〉も、「SGIの発展によって、新たな時代に至《いた》りました。それは宗教と宗教が出あいを結ぶ対話の時代、平和の時代といえます。ここにSGIの最も重要な貢献《こうけん》があります」と、高く評価されています。

世界の創価の宝友《ほうゆう》たちが、私と共に勇《いさ》んで、あらゆる人々との対話に、そして宗教間対話、文明間対話に挑戦してくれています。私たちが今いる場所で重ねている対話は、自他共《じたとも》の人間革命を力強《ちからづよ》く促し、世界を変える原動力です。人と人とを結びつけ、人間の絆《きずな》を強める働きが、不信と差別とを理解と信頼へと転換《てんかん》させていくのです。

創価の同志が世界中で、日々、繰り広げゆく対話が、平和な世界の実現へ、水底《みなそこ》の緩《ゆる》やかでありながら、確実な変革への流れを起こしているのです。

人類の未来開く究極《きゅうきょく》の対話

「太陽の対話」「希望の対話」「青年の対話」が世界を照らします。私たちの対話は、人類の未来を開く究極《きゅうきょく》の力《ちから》です。どこまでも、地涌《じゆ》の勇者として、幸福の博士として、痛快なる劇を残していこうではありませんか！

戸田先生の師子吼《ししく》を皆さんに贈《おく》りたい。

「大聖人様の眷属《けんぞく》が集まって広宣流布ができなかったら、なんのかんばせあって霊鷲山《りょうじゅせん》にまみえん。地涌《じゆ》の菩薩《ぼさつ》の皆さん、やろうではないか」

［注　解］

〈注1〉【立正安国論《りっしょうあんこくろん》】文応元年《ぶんおうがんねん》（一二六〇年）七月十六日、時の実質的な最高権力者《けんりょくしゃ》・北条時頼《ほうじょうときより》に提出された諫暁《かんぎょう》の書《しょ》。正法《しょうほう》に帰依《きえ》しなければ三災七難《さんさいしちなん》のうち、残る「自界叛逆難《じかいほんぎゃくなん》（内乱）」と「他国侵逼難《たこくしんぴつなん》（外国からの侵略《しんりゃく》）」が起こると予言した。

〈注2〉【トインビー博士】アーノルド・J・トインビー。一八八九年～一九七五年。イギリスの歴史学者・文明史家。ロンドン大学、王立国際問題研究所の要職《ようしょく》を歴任。代表作『歴史の研究』は各界に大きな影響《えいきょう》を与えた。池田先生との対談『二十一世紀への対話』（『池田大作全集 3』収録）は、人類に貴重《きちょう》な展望《てんぼう》を与えるものとして今も大きな反響《はんきょう》を広げている。

〈注3〉【御義口伝《おんぎくでん》】日蓮大聖人が、身延《みのぶ》で法華経の要文《ようもん》を講義され、それを日興上人《にっこうしょうにん》が筆録《ひつろく》したと伝えられている。上下二巻からなる。

〈注4〉【瞋恚《しんに》】三毒《さんどく》、十悪《じゅうあく》などの一つで、自分の心に違《たが》うものを怒《いか》りうらむこと。

〈注5〉【六根清浄《ろっこんしょうじょう》の功徳《くどく》】法華経の信仰と実践により、六根が清らかになることでもたらされる種々の功徳のこと。法華経法師功徳品《ほっしくどくほん》第十九に説《と》かれる。六根とは眼《まなこ》・耳・鼻・舌・身《み》・意《い》の六つの感覚・認識器官のことで、これらが煩悩《ぼんのう》の影響《えいきょう》を受けず、正しく働き、清らかになることを六根清浄《ろっこんしょうじょう》という。この六根清浄の結果、種々の功徳《くどく》がもたらされる。

〈注6〉「薬王《やくおう》よ。若《も》し善男子《ぜんなんし》・善女人《ぜんにょにん》有《あ》って、如来滅《にょらいめっ》して後《のち》に四衆《ししゅ》の為《ため》に是《こ》の法華経を説《と》かんと欲《ほっ》せば、云何《いかん》が応《まさ》に説くべき。是の善男子・善女人は、如来《にょらい》の室《しつ》に入《い》り、如来の衣《ころも》を著《き》、如来の座《ざ》に坐《ざ》して、爾《しか》して乃《いま》し応《まさ》に四衆《ししゅ》の為《ため》に、広く斯《こ》の経《きょう》を説くべし。如来《にょらい》の室《しつ》とは、一切衆生《しゅじょう》の中の大慈悲心《だいじひしん》是《こ》れなり。如来の衣《ころも》とは、柔和忍辱《にゅうわにんにく》の心《こころ》是《こ》れなり。如来の座《ざ》とは、一切法空《いっさいほうくう》是《こ》れなり」（法華経三六六ページ）

〈注7〉【四衆《ししゅ》】比丘《びく》（出家《しゅっけ》の男性）・比丘尼《びくに》（出家の女性）・優婆塞《うばそく》（在家《ざいけ》の男性）・優婆夷《うばい》（在家の女性）のこと。

〈注8〉【諸法実相抄《しょほうじっそうしょう》】文永《ぶんえい》十年（一二七三年）五月、最蓮房《さいれんぼう》に与えられたとされる書《しょ》。「諸法実相」についての質問に対し、仏法の甚深《じんじん》の義《ぎ》を説《と》かれている。弟子一門《いちもん》に対して、大聖人と同意ならば地涌《じゆ》の菩薩《ぼさつ》であるとされ、広宣流布は必ず達成できるとの確信を述《の》べられている。

〈注9〉【サーラ・ワイダー】エマソン協会元会長。全米屈指《くっし》の教養大学・コルゲート大学教授。池田先生との対談集に『母への讃歌――詩心と女性の時代を語る』（潮出版社）がある。

〈注10〉【ヌール・ヤーマン】トルコ出身のアメリカの文化人類学者。ハーバード大学名誉教授。イスラム教や仏教、ヒンドゥー教など宗教と社会の研究で知られる。池田先生との対談集に『今日の世界　明日の文明』（『池田大作全集　140』収録）がある。

誓《せい》　願《がん》――信念と誠実の青年を人々が希求《ききゅう》

一九五八年（昭和三十三年）の三月十六日、恩師《おんし》・戸田城聖《じょうせい》先生は不滅《ふめつ》の「広宣流布《こうせんるふ》記念の大儀式《だいぎしき》」において宣言されました。

「創価学会は宗教界の王者である！」

この師子吼《ししく》の大誓願《だいせいがん》ありて、今日《こんにち》の創価学会の大発展があります。

いうまでもなく、広宣流布は、決して宗派の拡大が目的ではありません。法華経《ほけきょう》の生命尊厳《そんげん》と万人《ばんにん》尊敬の哲学を基調《きちょう》に、人類の幸福と世界の平和の確立を目指す民衆運動です。対話を根幹として、人と人とを結び、世界市民の「希望の連帯」「善《ぜん》の連帯」を築き上げ、地球民族の共生《きょうせい》の理想を実現していく精神闘争《とうそう》にほかなりません。

青年こそが、世界の希望

その主役こそ、青年です。大願《だいがん》を掲《かか》げた青年が変革の結集軸《けっしゅうじく》になっていけば、時代は必ず動きます。いかなる運動・団体においても、青年が焦点《しょうてん》となるのです。

今、世界百九十二カ国・地域で「人間革命の哲学」を実践する青年たちが、新時代の「民衆の連帯」を世界的規模で作りつつある。この姿を戸田先生がご覧《らん》になったら、会心《かいしん》の笑みを浮かべられることは間違いありません。

あの三月十六日、戸田先生が「広宣流布のバトン」を託《たく》されたのは、私をはじめとする青年でした。

初代会長の牧口常三郎《つねさぶろう》先生、第二代の戸田先生は、常に青年を愛し育ててこられました。私も、青年こそ世界の希望であり、光であると確信して、励《はげ》ましを送り続けてきました。

今、三代の師弟《してい》と同じ願いに立って、世界中で、壮年、婦人の方々が率先《そっせん》して青年の育成に取り組んでくれています。青年の味方となり、青年を最大に応援し、青年と歩《あゆ》む人の心には、青年のはつらつたる生命が脈打《みゃくう》っています。これだけの青年育成のネットワークが、かくも世界的に広がったことは、現代の奇跡であるといえるでしょう。

最高に誉《ほま》れある師弟《してい》の大道《だいどう》

私自身、戸田先生に育てていただいた青年の一人です。

十九歳で戸田先生と出会い、わが生命を広宣流布に捧《ささ》げようと決意した時から、私の人生は大きく変わりました。大恩《だいおん》ある師匠《ししょう》のおかげで、広宣流布という大目的に生き、自身の人間革命に挑《いど》み、最高に誉《ほま》れある師弟《してい》の大道《だいどう》を歩《あゆ》んでくることができました。

この私の体験からも、青年期に誓願《せいがん》を立てることが、いかに一生の財宝《ざいほう》とな
るか。誓願を果《は》たし抜く挑戦が、どれほどの価値を創造するのか——一人でも
多くの青年と、この喜びを分《わ》かち合いたい。
その願いを込めて、ここでは、「誓願《せいがん》」について学んでいきます。

御文

開目抄《かいもくしょう》、御書二三二ジペー五行目〜六行目

我《われ》日本《にほん》の柱《はしら》とならむ我日本の眼目《がんもく》とならむ我日本の大船《たいせん》とならむ等《とう》とちかいし願《ねがい》やぶるべからず

現代語訳

「私は日本の柱《はしら》となろう。私は日本の眼目《がんもく》となろう。私は日本の大《たい》船《せん》となろう」等との誓願《せいがん》は絶対に破ることはない。

末法《まっぽう》の人々を救済《きゅうさい》せんとの大誓願《だいせいがん》

日蓮大聖人御自身の大誓願《だいせいがん》を宣言なされた、「開目抄《かいもくしょう》」〈注1〉の有名な一節です。

「柱《はしら》」「眼目《がんもく》」「大船《たいせん》」とは、どこまでも民衆を救《すく》わんとされる大慈悲《だいじひ》からの甚深《じんじん》の表明です。感動を禁《きん》じ得《え》ないのは、この大確信が、流罪《るざい》の地であった佐《さ》渡《ど》で示されたということです。

立宗《りっしゅう》以来、胸中《きょうちゅう》に燃え上がる誓願《せいがん》の炎を、いかなる障魔《しょうま》の嵐も断《だん》じて消すことはできなかった。いな、大難《だいなん》にあえばあうほど、ますます、民衆救済《きゅうさい》の大情熱は強く燃えさかっていく、との大師子吼《だいししく》が迫《せま》ってきます。

この御文《ごもん》で示されている「日本」というのは、もとより一国《いっこく》に限定されたものではありません。謗法《ほうぼう》のゆえに衆生《しゅじょう》の生命が濁《にご》っている、末法《まっぽう》の闇《やみ》の最も深い国を救《すく》うことで、一閻浮提《いちえんぶだい》広宣流布の道を開かんとなされたのです。また「やぶるべからず」とは、命にも及《およ》ぶ大難《だいなん》の渦中《かちゅう》に一切の魔性《ましょう》を打ち破られたとの大勝利宣言でもありました。

したがって、「日本の柱《はしら》」との仰《おお》せには、「末法救済《まっぽうきゅうさい》の柱」という意義が込められていると拝《はい》されます。そこには「地域の柱」「社会の柱」も含まれ、さらに「世界の柱」「人類の柱」、そして「民衆の柱」「地涌《じゆ》の柱」として、正義を貫《つらぬ》き通さんとの誓いと大確信が漲《みなぎ》っています。

一人一人が「柱《はしら》・眼目《がんもく》・大船《たいせん》」に

現代にあって、大聖人の「我日本《われにほん》の柱《はしら》とならむ」との誓願《せいがん》を心肝《しんかん》に染《そ》め、末法《まっぽう》広宣流布に一人立ったのが牧口先生であり、戸田先生でした。創価学会は、創立以来、この誓願に立脚《りっきゃく》した大聖人直系《ちょっけい》の教団です。

草創期《そうそうき》、学会員は「貧乏人《びんぼうにん》と病人の集まり」と揶揄《やゆ》されながらも、必死に戦い抜きました。皆、広宣流布と立正安国《りっしょうあんこく》の崇高《すうこう》な使命に生き抜く誇りに満《み》ちていました。

もちろん一人一人は、初めから、全《すべ》てがわかっていたわけではありません。経済苦や病苦、家庭不和などの宿命《しゅくめい》を転換《てんかん》したい一心《いっしん》で信心に励《はげ》む中、いつしか自他共《じたとも》の幸福を願い、友のため、社会のために行動する自身へと成長していった。同志と苦楽《くらく》を共にするなかで、〝我《われ》もまた、「母国《ぼこく》の柱《はしら》」「世界の眼目《がんもく》」「人類の大船《たいせん》」として前進する創価学会の一員なり〟と、広布に生き抜く「地「地涌《じゆ》の使命」を自覚《じかく》していったのです。

〝私たちが「柱《はしら》」となるのだ！〟

この「柱《はしら》たらん」との使命を、一人一人が担《にな》い立っていることが、私たちの誉《ほま》れです。

悩みや苦しみを抱《かか》え、いつも「救《すく》われる側《がわ》」にいた民衆が、いつしか人々を支え、「救う側」に回り、「柱《はしら》」「眼目《がんもく》」「大船《たいせん》」となっていく宗教です。世界中に、「民衆の柱」「幸福の眼目」「希望の大船」たる人材を生み出しているのが、創価学会なのです。

ここに「人間革命の宗教」の一大実証《いちだいじっしょう》があります。そして、二十一世紀が求める「人間のための宗教」の実像《じつぞう》があります。仏法は、人間が変革の主人公になる宗教です。まさしく、一人一人が、それぞれの地域や立場で「柱《はしら》」「眼《がん》目《もく》」「大船《たいせん》」たる存在にと成長することが、そのまま、日蓮仏法の誓願《せいがん》に基《もと》づく、人間革命の指標《しひょう》ともいえます。一人一人が平和と幸福を築く「柱」「眼目」「大船」となってこそ、人間尊敬の思想が花開く絢爛《けんらん》たる地球文明を築いていけるのです。

「自分の中に創価学会がある」

こうした目覚めた学会員の一人一人に共通しているのは、「学会の中に自分がある」のではなく、「自分の中に学会がある」という自覚《じかく》です。また、「私が、わが地域の広宣流布を進める！」という「主体者の誇り」です。

私自身、戸田先生の事業の苦境《くきょう》を支えながら、青年部の班長のときも、学会のことは全部、わが使命であると捉《とら》え、「どうすれば一番、広宣流布が進むのか」を悩み、考え、祈り、戦いました。

「戸田先生ならどうされるだろうか」と、広宣流布の大将軍である先生の不《ふ》二《に》の弟子として、大田や文京、大阪、山口、荒川、葛飾などで万事《ばんじ》に対処《たいしょ》していきました。

海外の地を訪問した時も、「私の存在そのものが創価学会だ。『アイ・アム・ザ・ソウカガッカイ』でいこう！」と、人々と胸襟《きょうきん》を開いて対話に走ってきたのです。

世界広布新時代が大きく進みゆく今この時に、各国・各地の若人《わこうど》が「私が創価学会である！」との気概《きがい》で立ち上がってくれている。この創価の青年の存在こそが、「地球の未来の柱《はしら》」ではないでしょうか。

御文

上野殿御返事《うえのどのごへんじ》、御書一五六一㌻一行目～五行目

願《ねがわ》くは我《わ》が弟子等《でしら》・大願《だいがん》ををこせ、去年去去年《こぞおととし》のやく《疫》びやう《病》に死《し》にし人人《ひとびと》の・かずにも入《い》らず、又当時《またとうじ》・蒙古《もうこ》のせ《攻》めに・まぬ《免》かるべしともみへず、とにかくに死は一定《いちじょう》なり、其《そ》の時《とき》のなげ《歎》きは・たうじ《当時》のごとし、をなじくは・かり《仮》にも法華経のゆへに命《いのち》をすてよ、つゆ《露》を大海《たいかい》にあつらへ・ちり《塵》を大地《だいち》にうづむ《埋》とをもへ、法華経の第三に云《いわ》く「願《ねがわ》くは此《こ》の功《く》徳《どく》を以《もっ》て普《あまね》く一切《いっさい》に及《およ》ぼし我等《われら》と衆生《しゅじょう》と皆共《みなとも》に仏道《ぶつどう》を成《じょう》ぜん」云云《うんぬん》

現代語訳

願《ねが》わくは、我《わ》が弟子たちよ、大願《だいがん》を起こせ。

（あなたたちは）昨年、一昨年に流行した疫病《えきびょう》で亡《な》くなった人々の数にも入ることはなかった。また今、蒙古《もうこ》が攻めてきたら、死を免《まぬか》れることができるとも思えない。ともかくも死は避《さ》けることができない。その時の嘆《なげ》きは、現在の嘆きと変わらない。

同じく死ぬのであれば、かりにも法華経のために命を捨てなさい。露《つゆ》を大海《たいかい》に入れ、塵《ちり》を大地に埋《う》めるようなものと思いなさい。法華経の第三の巻には「願《ねが》わくは此《こ》の功徳《くどく》を以《もっ》て、普《あまね》く一切に及《およ》ぼし、我等《われら》と衆生《しゅじょう》とは、皆共《みなとも》に仏道《ぶつどう》を成《じょう》ぜん」と説《と》かれている。

法難《ほうなん》の渦中《かちゅう》で若き門下《もんか》に

大聖人は、若き弟子に、大願《だいがん》を起こす人生の尊《とうと》さを、わかりやすく教えられています。

この「上野殿御返事《うえのどのごへんじ》」〈注2〉を頂いた南条時光《なんじょうときみつ》は、亡《な》き父の志《こころざし》を継《つ》いで、大聖人を師匠《ししょう》と仰《あお》ぎ、日興上人《にっこうしょうにん》の激励を受けながら、信心に励《はげ》んできました。

本抄《ほんしょう》を頂いた時は、数えで二十一歳。かつて大聖人に激励された少年は、立派な青年リーダーに逞《たくま》しく成長していました。

当時、駿河一帯《するがいったい》は、北条家《ほうじょうけ》の本家の領地《りょうち》が広がり、大聖人を迫害《はくがい》した北条重《しげ》時《とき》〈注3〉の娘で、時の執権《しっけん》の母である後家尼御前《ごけあまごぜん》の権力《けんりょく》の影響《えいきょう》が強い地域でした。

弘安《こうあん》二年（一二七九年）秋には、熱原《あつはら》の農民信徒《しんと》二十人が、えん罪《ざい》で捕《と》らわれました。平左衛門尉頼綱《へいのさえもんのじょうよりつな》〈注4〉が下《くだ》した処断《しょだん》によって、最終的に三烈士《れっし》が殉教《じゅんきょう》します。

時光《ときみつ》は、この「熱原《あつはら》の法難《ほうなん》」に際《さい》し、弾圧《だんあつ》を受けた同志を守るために奮闘《ふんとう》しました。その中で大聖人は、絶対の大確信を弟子の胸中《きょうちゅう》に打ち込まれました。それが、「願《ねが》くは我《わ》が弟子等《でしら》・大願《だいがん》をおこせ」との一節です。

「大願《だいがん》をおこせ」との呼び掛け

「願《ねが》くは」と万感《ばんかん》の思いを込められ、そして「我《わ》が弟子等《でしら》」と全門下《ぜんもんか》に呼び掛けられている意義を、深く心に刻《きざ》みたい。

「大願《だいがん》」とは、万人《ばんにん》の成仏《じょうぶつ》という仏《ほとけ》の偉大《いだい》な願いであり、広宣流布という大いなる願いです。全民衆を救《すく》いたい――これこそが仏の願いです。

法華経方便品《ほうべんぽん》には、釈尊《しゃくそん》自身の根本の誓願《せいがん》について「如我等無異《にょがとうむい》（我《わ》が如《ごと》く等《ひと》しくして異《こと》なること無《な》からしめん）」（法華経一三〇ジペー）と説《と》かれています。

釈尊在世《しゃくそんざいせ》の弟子たちは、過去世《かこせ》に自身が常に師匠《ししょう》と共戦《きょうせん》を続けてきたことを思い起こして、大いなる使命に目覚めました。

さらに、本弟子《ほんでし》たる地涌《じゆ》の菩薩《ぼさつ》は、久遠《くおん》から釈尊《しゃくそん》と同じ広宣流布の願いを共有してきました。

師と共に同じ誓いに立ち、自他共《じたとも》の幸福を実現しようと法を弘《ひろ》め、人々を励《はげ》ましていく。この仏法の慈悲《じひ》に連《つら》なる「大いなる願い」は、決して特別に選ばれた人だけが持つものではない。全《すべ》ての弟子、ひいては、誰人《たれびと》もが本然的《ほんねんてき》に胸中《きょうちゅう》に抱《いだ》いているものです。

大願《だいがん》を「をこせ」とは、この誰もが本来持っている、自分の根底にある願いを「思い起こしなさい」ということでもありましょう。

一人一人が「偉大《いだい》な凡夫《ぼんぷ》」の存在に

「とにかくに死は一定《いちじょう》なり」と仰《おお》せのように、当時は疫病《えきびょう》が流行し、蒙古《もうこ》の再度の襲来《しゅうらい》が近づくなど、死は眼前《がんぜん》に迫《せま》る状況でした。

その中で大聖人は、限りある命だからこそ、「法華経のために命を捧《ささ》げていきなさい」と述《の》べられています。もちろん、これは命を粗末《そまつ》にするということでも、自分を犠牲《ぎせい》にするということでもありません。

自身の生命を何のために使い、どう生きるのか――この原点をもつことで、人間としての真価《しんか》が発揮《はっき》されます。「全《すべ》ての人の幸福のため」という最高の目的を掲《かか》げて生きる以上の価値ある人生はありません。

大宇宙から見れば、今、生きている私たちは、草の上の露《つゆ》のようにはかなく、塵《ちり》のように小さな存在かもしれない。しかし、あたかも露そのものが大海《たいかい》を構成するように、私たちは大願《だいがん》に生きることによって、妙法という生命を貫《つらぬ》く根源の法と一体となることができるのです。むしろ、〝露〟と〝塵〟そのものが永遠の輝《かがや》きを放《はな》っていくのです。

戸田先生は、よく、私たちのような凡夫《ぼんぷ》が、偉大《いだい》な「久遠《くおん》の凡夫」になるんだよ、と言われていました。永遠にして宇宙大の境涯《きょうがい》を築いていく。これが仏法の真髄《しんずい》です。

「皆共《みなとも》に」とは大乗菩薩《だいじょうぼさつ》の精神

大聖人はさらに、法華経化城喩品《けじょうゆほん》の一節〈注5〉を引き、妙法にわが生命を捧《ささ》げた大功徳《だいくどく》はあまねく一切衆生《しゅじょう》に広がり、自分だけではなく、あらゆる衆生の成仏《じょうぶつ》への力《ちから》につながっていくと述《の》べられています。

「我等《われら》と衆生《しゅじょう》とは　皆共《みなとも》に仏道《ぶつどう》を成《じょう》ぜん」（法華経二九八㌻）です。

この「皆共《みなとも》に」というのが、大乗《だいじょう》の菩薩《ぼさつ》の精神です。自他共《じたとも》の幸福を目指し、万人《ばんにん》の成仏《じょうぶつ》を願って実践していくのです。

戸田先生は語られていました。

「生活といい、信仰といい、最も必要なものは何か。それは確信である。我々は、大聖人の絶対の御確信こそを、最高にして最大のものとしていくのだ」と。

広宣流布に生きる人生こそ、最高に尊《とうと》く、無上《むじょう》に価値ある人生である――。

この大確信で悠然《ゆうぜん》と進んでいくことです。

大聖人の絶対の御確信を胸に！

戸田先生は、こうも語られていました。

「（学会員は）『仏《ほとけ》の使い』であります。如来《にょらい》につかわされた身であります。大聖人の分身であります。凡夫《ぼんぷ》のすがたこそしておれ、われら学会員の身分こそ、最尊《さいそん》、最高ではありませんか」

創価学会は、かけがえのない人間の蘇生《そせい》のドラマを生み出してきました。未曾有《みぞう》の人間教育の大地といってもよいでしょう。それも全《すべ》て、私たち一人一人が、広宣流布という大目的に向かって走り抜いているからです。

大願《だいがん》に生きる時に、偉大《いだい》な人間革命の軌跡《きせき》を残すことができます。妙法と共に、学会と共に、同志と共に生き抜くならば、いかなる苦難《くなん》も試練《しれん》も変毒為薬《へんどくいやく》して、必ずや見事な勝利劇を演ずることができるのです。

御文

種種御振舞御書《しゅじゅおふるまいごしょ》、御書九一〇ジペー十八行目～九一一ジペー一行目

法華経の肝心《かんじん》・諸仏《しょぶつ》の眼目《がんもく》たる妙法蓮華経《みょうほうれんげきょう》の五字《ごじ》・末法《まっぽう》の始《はじめ》に一閻浮提《いちえんぶだい》にひろまらせ給《たも》うべき瑞相《ずいそう》に日蓮さきがけ《魁》したり、わたうども《和党共》二陣三陣《にじんさんじん》つづきて迦葉《かしょう》・阿難《あなん》にも勝《す》ぐれ天台《てんだい》・伝教《でんぎょう》にもこへよかし

現代語訳

法華経の肝心《かんじん》であり、仏《ほとけ》たちの眼目《がんもく》である妙法蓮華経の五字が、末法《まっぽう》の初めに全世界に広まっていく瑞相《ずいそう》として、日蓮が先駆《さきが》けしたのである。

わが一門《いちもん》の者《もの》たちは、二陣《じん》、三陣と続いて、迦葉《かしょう》や阿難《あなん》にも勝《すぐ》れ、天台《てんだい》や伝教《でんぎょう》にも超えていくのだ。

二陣《じん》、三陣と続きゆけ

この御文《ごもん》は、末法《まっぽう》に全世界へ広宣流布を進めていく大闘争《だいとうそう》に勇敢《ゆうかん》に躍《おど》り出《い》でよと、大聖人が後継《こうけい》の弟子たちに力強《ちからづよ》く呼びかけられた「種種御振舞御書《しゅじゅおふるまいごしょ》」〈注6〉の御金言《ごきんげん》です。

「世界広宣流布」は御本仏《ごほんぶつ》の御遺命《ごゆいめい》です。その遠大《えんだい》なる使命を、後に続く門下《もんか》に託《たく》されているのです。

広宣流布とは、末法万年《まっぽうまんねん》にわたり、しかも一閻浮提《いちえんぶだい》、すなわち全世界の人々を救《すく》いゆくものです。そのためには、大聖人の精神と実践を受け継《つ》ぐ弟子が、絶《た》え間《ま》なく続いていかなくてはならない。広宣流布を断絶《だんぜつ》させてはならない、というのが仏《ほとけ》の願いだからです。

大聖人は、「わが一門《いちもん》の者《もの》たちは、二陣《じん》、三陣と続いていきなさい」と述《の》べられています。しかも、仏教史に名を残した迦葉《かしょう》や阿難《あなん》〈注7〉にも勝《すぐ》れ、天《てん》台《だい》や伝教《でんぎょう》〈注8〉をも超えなさいと仰《おお》せです。

御聖訓《ごせいくん》には、「地涌《じゆ》の菩薩《ぼさつ》のさきがけ日蓮一人《いちにん》なり」（御書一三五九ページ）とも御《ご》断言《だんげん》です。日蓮仏法の魂《たましい》は、「さきがけ」の勇気です。「二陣《じん》」「三陣」と続くためには、自《みずか》らが一人立つ覚悟《かくご》がなければ、本当の意味で後を継《つ》ぐことはできません。

ゆえに、まず自分が、決然と立ち上がることです。思い切って行動を起こすことです。先陣《せんじん》の苦労は大きい。しかし、その分、大きく人間革命できるのです。一人の「法華経の行者《ぎょうじゃ》」が行動を起こせば、周囲の人が二人・三人・十人と目覚めていく。真剣の一人の戦いが、必ず新たな歴史を作るのです。

「常に青年が主役」の伝統

南米アルゼンチンは、一九九三年（平成五年）に、私が初訪問した国です。以来、わがアルゼンチンSGIには、「常に青年が主役」との素晴らしい伝統が築かれています。今、青年たちが社会に大きく信頼と友情の絆《きずな》を広げています。

ノーベル平和賞受賞者のペレス＝エスキベル博士〈注9〉は、「アルゼンチンSGIの青年たちは、とどまることを知りません。いつも、すごく活気《かっき》があって、いつも前進している」と、折《おり》あるごとに、わが青年部の活躍を喜んでくださっています。

宗教間対話にも積極的に取り組み、国内の宗教界リーダーとの信頼関係も大きく築いている。二〇一六年（平成二十八年）九月には、政府の外務省宗務局《しゅうむきょく》や他の宗教団体とも共催《きょうさい》して、「平和の祈りの集い」をアルゼンチン文化会館で開いたとうかがいました。

青年たちの熱意が共感を広げ、社会の中で仏法への理解が深まっています。

まさに新たな拡大の突破口《とっぱこう》を青年が開いたのです。

宗教は人間の内発性を開発

米デラウェア大学のノートン博士〈注10〉は、学会青年部への期待を語られていました。

「人間の内発性を開発していくのが宗教と教育の本来の使命です。その証《あかし》を私は、喜々《きき》として未来への情熱をたぎらせゆく学会の青年部員の瞳《ひとみ》の中に見ました」と。

世界中の識者や心ある指導者が、信念に生き、誠実に行動する創価の青年に限りない信頼を寄せてくださっています。

戸田先生は、創価の若人《わこうど》に新世紀を創《つく》る使命を託《たく》し、「青年訓《くん》」で訴《うった》えられました。

「末法濁世《まっぽうじょくせ》の法戦《ほうせん》に、若《わか》き花の若武者《わかむしゃ》として、大聖人の御《おん》おぼえにめでたからんと願うべきである。愚人《ぐにん》にほむらるるは、智者《ちしゃ》の恥辱《ちじょく》なり。大聖《たいせい》にほむらるるは、一生の名誉《めいよ》なり」

私は、この恩師《おんし》の言葉を、世界中の愛する青年の皆さんに贈《おく》りたい。

若人《わこうど》の熱と力《ちから》に無限の可能性

今、各国各地で凜々《りり》しき丈夫《ますらお》たち、華陽《かよう》の乙女《おとめ》たちが広宣流布に乱舞《らんぶ》しています。頼《たの》もしき「花の若武者《わかむしゃ》」が躍動《やくどう》しています。広布拡大の主役は、わが門下《もんか》の皆さんです。

若き生命には無限の可能性がある。一切の苦難《くなん》や試練《しれん》を乗り越えゆく勇気がある。誓願《せいがん》のスクラムを広げ抜く熱と力《ちから》に満《み》ちています。皆さんこそが「生命尊厳《そんげん》の世紀」の主人公です。

大聖人に直結《ちょっけつ》する我《われ》らは、いよいよ「二陣《じん》、三陣」と、人類が渇仰《かつごう》してやまない平和と人道の大哲理を、勇気凜々《りんりん》と語り弘《ひろ》めていこうではありませんか！

［注　解］

〈注1〉【開目抄《かいもくしょう》】佐渡《さど》流罪中《るざいちゅう》、塚原《つかはら》で御述作《ごじゅっさく》になり、文永《ぶんえい》九年（一二七二年）二月、門下《もんか》一同に与えられた書《しょ》。日蓮大聖人こそが主師親《しゅししん》の三徳《さんとく》を具《そな》えた末法《まっぽう》の御本仏《ごほんぶつ》であることが明かされている。

〈注2〉【上野殿御返事《うえのどのごへんじ》】弘安《こうあん》二年（一二七九年）十一月六日の御述作《ごじゅっさく》。熱原《あつはら》の法難《ほうなん》に際《さい》し、外護《げご》を尽くした南条時光《なんじょうときみつ》の信心を称賛《しょうさん》され、竜門《りゅうもん》の滝《たき》を登りきった魚《うお》は竜と化して天に昇《のぼ》るという中国の故事《こじ》を通して、道を成就《じょうじゅ》することの難しさを示され、時光を強く激励されている。別名《べつめい》「竜門御書」。

〈注3〉【北条重時《ほうじょうしげとき》】一一九八年～一二六一年。鎌倉幕府《かまくらばくふ》第二代執権《しっけん》・義時《よしとき》の子で、六波羅探題北《ろくはらたんだいきた》方《がた》、連署《れんしょ》などを歴任。娘婿《むすめむこ》である第五代執権・北条時頼《ときより》を補佐《ほさ》した。念仏《ねんぶつ》の強信者《ごうしんじゃ》で、伊《い》豆流罪《ずるざい》など大聖人への迫害《はくがい》を企《くわだ》てた。

〈注4〉【平左衛門尉頼綱《へいのさえもんのじょうよりつな》】？～一二九三年。北条時宗《ほうじょうときむね》、貞時《さだとき》の二代に仕《つか》え、内管領《ないかんれい》として得宗家《とくそうけ》の家政《かせい》を統括《とうかつ》し、また侍所《さむらいどころ》の所司《しょし》（次官《じかん》）として軍事、警察を統括《とうかつ》するなど、鎌倉幕府《かまくらばくふ》の政治上の実力者として権勢《けんせい》をふるった。良観《りょうかん》の讒言《ざんげん》などによって大聖人を迫害《はくがい》し、門下《もんか》を弾圧《だんあつ》した。

〈注5〉法華経化城喩品《けじょうゆほん》第七では、梵天《ぼんてん》が仏《ほとけ》に宮殿《きゅうでん》を供養《くよう》する。その時、梵天は、この功徳《くどく》が大《おお》勢《ぜい》にあまねく伝わることを願うとともに、皆と一緒に仏道《ぶつどう》を成就《じょうじゅ》することを願う。

〈注6〉【種種御振舞御書《しゅじゅおふるまいごしょ》】建治《けんじ》二年（一二七六年）の御述作《ごじゅっさく》。文永《ぶんえい》五年（一二六八年）から建治二年までの九年間の御自身《ごじしん》の御振《おふ》る舞《ま》いを述《の》べられている。

〈注7〉【迦葉《かしょう》、阿難《あなん》】ともに、釈尊《しゃくそん》の十大弟子《じゅうだいでし》。釈尊の入滅後《にゅうめつご》、仏教教団を護《まも》り、正法《しょうほう》時代の正《しょう》師《し》とされる。

〈注8〉【天台《てんだい》、伝教《でんぎょう》】ともに、像法《ぞうほう》時代の法華経の継承者《けいしょうしゃ》。天台（五三八年～九七年）は、中国の陳《ちん》・隋《ずい》の時代に活躍し、『摩訶止観《まかしかん》』を講述《こうじゅつ》し、一念三千《いちねんさんぜん》の観法《かんぽう》を確立した。伝教（七六七年／七六六年～八二二年）は、日本の平安《へいあん》時代の初めに、法華経を宣揚《せんよう》した。

〈注9〉【エスキベル博士】ペレス＝エスキベル。一九三一年～。アルゼンチンの平和運動家、芸術家。ラテンアメリカの軍政下における人権擁護《ようご》と貧困層の救済《きゅうさい》を目指す中、一九七七年、逮捕《たいほ》され、十四カ月の獄中闘争《ごくちゅうとうそう》を続けた。八〇年、ノーベル平和賞受賞。池田先生との対談集に『人権の世紀へのメッセージ』がある。

〈注10〉【ノートン博士】デイビッド・L・ノートン。一九三〇年～九五年。アメリカ・デラウェア大学哲学科教授。牧口初代会長の著『創価教育学体系』（英語版）に解説文を寄稿《きこう》している。

調　和——万人《ばんにん》尊敬の精神性見いだす平等の世界

「地球民族主義」——恩師《おんし》・戸田城聖《じょうせい》先生から初めてこの提唱《ていしょう》をうかがったのは、一九五二年（昭和二十七年）二月でした。なんと鮮烈《せんれつ》な響《ひび》きの言葉でしょうか。

それは、青年部の研究発表会でのことです。

「大善《だいぜん》生活」「宗教と科学」「五重《ごじゅう》の相対《そうたい》」などのテーマに対して、男女青年部の代表が五分以内で考えを述《の》べていくものでした。

戸田先生は自《みずか》ら採点に当たられながら、「実によく勉強している」と褒《ほ》められ、「またやろうではないか」と、初の試《こころ》みを大変に喜んでくださいました。

「悲惨《ひさん》の二字」をなくしたい

講評《こうひょう》の中で、先生は「私自身の思想を述《の》べておく」と前置きされて、それは、共産主義でもなければ資本主義でもない。「結局は地球民族主義でありま す」と宣言されました。

それ以上の詳《くわ》しい説明はありませんでした。しかし弟子の私は、師の独創《どくそう》にして壮大なる構想《こうそう》が胸に迫《せま》ってなりませんでした。

二年前に勃発《ぼっぱつ》した朝鮮戦争(韓国動乱《どうらん》)は未《いま》だ終結《しゅうけつ》しておらず、東西両陣営《りょうじんえい》の対立の溝《みぞ》が深まっている渦中《かちゅう》です。

断《だん》じて、戦乱《せんらん》を繰《く》り返させてはならない。断じて、民衆に悲惨《ひさん》の二字を味わわせてはならない——民族やイデオロギーの差異を超えて、今こそ、共生《きょうせい》・共存の道を開いていくのだとの先生の熱願《ねつがん》が込められていました。

人間は皆、同じ「地球」に生きる同胞《どうほう》ではないかという、東も西も、南も北も、一切を包み込む「地球民族主義」の主張は、人類を不幸へと陥《おとしい》れる「暴《ぼう》力《りょく》」と「分断《ぶんだん》」に対抗《たいこう》する、「平和」と「調和」の思想でもありました。

青年に「万人尊厳《ばんにんそんげん》」の思想を

後年、この思想の必然の帰結《きけつ》として、恩師《おんし》は、人類の生存を脅《おびや》かす核兵器《かくへいき》を〝絶対悪《ぜったいあく》〟と喝破《かっぱ》した「原水爆禁止宣言」〈注1〉を発表されました。こうした平和思想の底流《ていりゅう》に脈打《みゃくう》つもの——それこそが、万人《ばんにん》に等《ひと》しく尊厳性《そんげんせい》を見いだしていく法華経、なかんずく日蓮大聖人の妙法の生命哲理です。

思えば恩師《おんし》が「地球民族主義」を語られたのも、「原水爆禁止宣言」を発表されたのも、後継《こうけい》の青年部を前にしてのことでした。

私もまた、世界広布新時代の今この時、青年拡大に邁進《まいしん》しゆく宝友《ほうゆう》たちと共に、仏法の「平和」と「調和」の哲学を研鑽《けんさん》していきたいと思います。

御文

御義口伝《おんぎくでん》、御書七八四ジペー五行目〜七行目

桜梅桃李《おうばいとうり》の己己《ここ》の当体《とうたい》を改《あらた》めずして無作三身《むささんじん》と開見《かいけん》すれば是《こ》れ即《すなわ》ち量《りょう》の義《ぎ》なり、今日蓮等《いまにちれんら》の類《たぐ》い南無妙法蓮華経と唱《とな》え奉《たてまつ》る者《もの》は無作三身の本主《ほんしゅ》なり

現代語訳

桜は桜、梅は梅、桃は桃、李《すもも》は李《すもも》と、おのおのの当体《とうたい》（そのもの）を改《あらた》めず、そのままの姿で無作三身《むささんじん》（本来ありのままの仏《ほとけ》）と開き現していくのである。これが一切を摂《おさ》めることであり、（無量義《むりょうぎ》の）「量」の義である。今、日蓮およびその門下《もんか》として南無妙法蓮華経と唱《とな》え

奉《たてまつ》る者《もの》は、すべて無作三身の本主《ほんしゅ》なのである。

個性を輝《かがや》かす桜梅桃李《おうばいとうり》の当体《とうたい》

法華経は万人《ばんにん》の尊厳《そんげん》を説《と》き、万人の成仏《じょうぶつ》を掲《かか》げる「希望の経典《きょうてん》」です。人々を決して差別することなく、むしろその差異を認め合い、多様性を最大限に尊重《そんちょう》しています。仏法の人間主義の真髄《しんずい》が、ここにあるのです。

私が共に対談集を発刊した「平和の文化の母」エリース・ボールディング博士〈注2〉も、語られていました。

「平和を築くうえで何よりも大切なのは、差異を認め、讃《たた》えていける寛容《かんよう》の心です。人間は皆《みな》、それぞれに特別であり、しかも、かけがえのない存在と知るべきです」

人々の多様性を尊重《そんちょう》する調和の哲理こそが、人類を幸福と平和へ導《みちび》く根幹の思想として求められます。

大聖人は、「御義口伝《おんぎくでん》」〈注3〉で「桜梅桃李《おうばいとうり》」の原理を通して教えられています。桜や梅、桃や李《すもも》といった木々は、冬の寒さを越え、春を迎えるに従《したが》って、趣《おもむき》のある美しい花を、それぞれの時に咲《さ》かせていきます。まさに、人々の多様《たよう》な生命そのものを譬《たと》えたものであり、一人一人の個性や使命をあらわしているともいえるでしょう。

「桜梅桃李《おうばいとうり》の己己《ここ》の当体《とうたい》を改《あらた》めずして」とは、一切の生命が、ありのままの姿や形を改める必要はないということです。その姿を改めずして、無作三身《むささんじん》〈注4〉という本来ありのままの仏界《ぶっかい》の生命を開き、現していけると仰《おお》せなのです。

一切を包み込む「量《りょう》」の義《ぎ》

「御義口伝《おんぎくでん》」ではこのことを、「無量義《むりょうぎ》（無量・無数の義・教説《きょうせつ》）」の三字の中では、一切をはかり、包含《ほうがん》する「量」の義であると示されています。

法華経は全《すべ》ての生命を余《あま》すところなく包み込みます。「夫《そ》れ法華経の意《こころ》は一切衆生皆成仏道《しゅじょうかいじょうぶつどう》の御経《おんきょう》なり」（御書一三〇七ジペー）とある通り、妙法によってこそ、一切衆生は仏界《ぶっかい》の生命を現実に開き現せる。全ての人間が、その身のままで尊極《そんごく》の無作三身《むささんじん》の仏《ほとけ》として、最大に輝《かがや》くことができるのです。

この「桜梅桃李《おうばいとうり》」の仏法の世界は、万人《ばんにん》に広々《ひろびろ》と開かれています。一人の例外もなく、「人間革命」の大道《だいどう》に等《ひと》しく参画《さんかく》でき、そして、いかなる人も、個性を最大に生かしつつ、生命の最高無上《むじょう》の開花《かいか》が実現できるのです。

無作三身《むささんじん》の働きとは、個々の人間の差異が一人一人の個性となっていくものです。こうした「一人」の根源的な生命の変革――「人間革命」の思想こそが、人類総体《そうたい》の境涯《きょうがい》を高めていくのではないでしょうか。

この生命尊厳《そんげん》の思想が世界に広まり、人間の生き方の根底が変わっていくならば、人々がいがみ合い、憎《にく》しみ合う悲劇《ひげき》を無くす道も開かれる。憎悪《ぞうお》の連鎖《れんさ》から戦争を繰《く》り返してきた人類の宿痾《しゅくあ》（持病）をも、転換《てんかん》していくことが可能となるに違いありません。

今この時、私たちが全世界の同志と共に、大聖人の人間主義の仏法を語り広める重要な意義は、ここにあります。

私たち自身が「無作三身《むささんじん》の本主《ほんしゅ》」

さらに「今日蓮等《いまにちれんら》の類《たぐ》い南無妙法蓮華経と唱《とな》え奉《たてまつ》る者《もの》は無作三身《むささんじん》の本主《ほんしゅ》なり」と仰《おお》せです。先ほど述《の》べたように、人は皆、だれもが本来、無作三身の当体《とうたい》です。その上で、末法《まっぽう》の御本仏《ごほんぶつ》に連《つら》なり、南無妙法蓮華経の題目《だいもく》を唱える時に、現実のわが身に、仏界《ぶっかい》の境涯《きょうがい》が開き現され、仏《ほとけ》の智慧《ちえ》や慈悲《じひ》を顕現《けんげん》できます。それゆえ、私たち自身が「無作三身の本主」にほかならないと示されているのです。

「末法《まっぽう》に入《い》って法華経を持《たも》つ男女《なんにょ》の・すがたより外《ほか》には宝塔《ほうとう》なきなり」（御書

一三〇四ページ）です。法華経見宝塔品《けんほうとうほん》第十一に涌出《ゆじゅつ》する、七宝《しっぽう》で荘厳《そうごん》された偉大《いだい》な宝《たから》の塔《とう》とは、末法で妙法を持った衆生《しゅじょう》そのものなのです。ゆえに、御本仏《ごほんぶつ》と同じ広布大願《だいがん》に生き抜く学会員は、一人ももれなく尊《とうと》き宝塔です。

その使命深き皆さま方を、諸仏《しょぶつ》・諸天《しょてん》が讃嘆《さんたん》し、守護《しゅご》しないわけがありません。

御文

妙《みょう》とは蘇生《そせい》の義《ぎ》なり蘇生と申《もう》すはよみがへる義なり

法華経題目抄《ほけきょうだいもくしょう》、御書九四七ジペー二行目

現代語訳

妙《みょう》とは蘇生《そせい》の義《ぎ》である。蘇生とは蘇《よみがえ》るということである。

「蘇生《そせい》の義《ぎ》」は一切を生かす働き

「法華経題目抄《ほけきょうだいもくしょう》」〈注5〉で、大聖人は「妙《みょう》」の一字が持つ意義について、「妙の三義《さんぎ》」として示されています。いわゆる「開《かい》の義」「具足《ぐそく》・円満《えんまん》の義」「蘇生《そせい》の義」です。

それぞれを簡潔《かんけつ》に確認しておくと、「開《かい》の義《ぎ》」とは、法華経こそが一切衆生《しゅじょう》の成仏《じょうぶつ》の道を開くということです。

「具足《ぐそく》・円満《えんまん》の義《ぎ》」とは、妙法にはあらゆる功徳《くどく》が円満《えんまん》に具《そな》わっているということです。

最後の「蘇生《そせい》の義《ぎ》」を明かされたのが、ここで拝《はい》する御文《ごもん》です。牧口常三郎《つねさぶろう》先生の御書にも力強《ちからづよ》く線が引かれています。妙法には、一切衆生《しゅじょう》を救済《きゅうさい》する蘇生の力《ちから》があるということです。

戸田先生はかつて、「妙法は活《かつ》の法門《ほうもん》である。全《すべ》ての体験を活《い》かしていけるのだ。何ひとつ、塵《ちり》も残さず、無駄《むだ》なことはない。これが信心の大功徳《だいくどく》です」と語られました。「活」とは「生きる」「生かす」ということです。

「一切を生かす」「信心には無駄《むだ》がない」――これは、草創期《そうそうき》以来、それこそ数多くの同志が体験し、心から納得してつかんだ大確信です。

厳《きび》しい試練《しれん》の正念場《しょうねんば》に臨《のぞ》めば、わが同志は「此《こ》の事《こと》にあはん為《ため》なりけり」（御書一四五一㌻）と一念《いちねん》を定《さだ》めました。これまで貫《つらぬ》いてきた信仰の誇りと勇気で〝今こそ、まことの時〟と、大信力《だいしんりき》、大行力《だいぎょうりき》を奮《ふる》い起こしました。

そして「負けじ魂《だましい》」を燃やして苦難《くなん》に挑《いど》んでいくことで、これまでの経験や実践などの全《すべ》てを生かしながら、人間革命の蘇生《そせい》のドラマを幾重《いくえ》にも織《お》り成《な》してきたのです。

まさに妙法には、一切を生かす力《ちから》があります。恩師《おんし》が断言《だんげん》された通り「活《かつ》の法門《ほうもん》」です。

あらゆる哲学を結ぶ「開会《かいえ》の法門《ほうもん》」

ここで、「一切を生かす」ということに関連して、「相待妙《そうだいみょう》」と「絶待妙《ぜつだいみょう》」という考え方に基《もと》づいた「開会《かいえ》の法門《ほうもん》」について触《ふ》れておきます〈注6〉。

天台大師《てんだいだいし》は、「妙法蓮華経」の「妙《みょう》」の一字について、「相待妙《そうだいみょう》」「絶待妙《ぜつだいみょう》」

から解釈《かいしゃく》しています。いずれも「妙」の卓越性《たくえつせい》を示していますが、諸経《しょきょう》への執着《しゅうちゃく》を捨てさせる「相待妙《そうだいみょう》」に対して、「絶待妙《ぜつだいみょう》」には法華経の立場から一切を生かす「開会《かいえ》」の法門《ほうもん》があります。

「諸宗問答抄《しょしゅうもんどうしょう》」には次のように仰《おお》せです。

「絶待妙《ぜつだいみょう》というのは方便《ほうべん》の教えを開いて真実の法《ほう》に入らしめる開会《かいえ》の法門《ほうもん》である。この立場に立てば、爾前権教《にぜんごんきょう》であるとして捨てた教えも皆、法華経の大海《たいかい》に収《おさ》められるのであり、法華経の大海に入れば、爾前権教の教えとして嫌われることはないのである」(御書三七七ジペー、趣意)

釈尊《しゃくそん》の爾前権教《にぜんごんきょう》はもとより、仏教以外の教えであったとしても、真実の片端《かたはし》を説《と》いているのであれば、法華経の全体観の上から正しく位置づけ、用《もち》いていくことができるということです。

また「法華経は大綱《たいこう》であり、爾前《にぜん》は法華経のための細目《さいもく》であるから、大綱のために細目を用《もち》いるのである」(御書九七三ジペー、趣意)とも仰《おお》せです。

大聖人御自身、「立正安国論《りっしょうあんこくろん》」をはじめとする諸御抄《しょごしょう》で、法華経の正しい理解のために、爾前権教《にぜんごんきょう》の文証《もんしょう》や中国の故事《こじ》などを自在に引用されています。これは「開会《かいえ》の法門《ほうもん》」に即《そく》したものであり、また「絶待妙《ぜつだいみょう》」のお立場から展開されたものです。

「分断《ぶんだん》」から「調和」の時代へ――仏法の英知の一つである「開会《かいえ》」の思想は、二十一世紀の哲学としていやまして重要になっています。

人類の平和や幸福を目指す思想や信条というものは、根底では万人《ばんにん》尊敬の法華経と合致《がっち》するものです。それゆえに、一切の哲理は、調和をもたらす希望の光明《こうみょう》に照らされることによって、人類益《えき》のための共通の善《ぜん》として生き生きとその真価《しんか》を発揮《はっき》する。全《すべ》てが、民衆のために善の働きをしていくのです。互《たが》いに強調《きょうちょう》し合う連帯の要《かなめ》として、ますます「開会《かいえ》」の思想が重要になります。

御文

生死《しょうじ》一大事《いちだいじ》血脈抄《けつみゃくしょう》、御書一三三七ジペー十二行目〜十四行目

総《そう》じて日蓮が弟子《でし》檀那《だんな》等《とう》・自他《じた》彼此《ひし》の心《こころ》なく水魚《すいぎょ》の思《おもい》を成《な》して異体同心《いたいどうしん》にして南無妙法蓮華経と唱《とな》え奉《たてまつ》る処《ところ》を生死《しょうじ》一大《いちだい》事《じ》の血脈《けつみゃく》とは云《い》うなり、然《しか》も今日《いま》蓮が弘通《ぐつう》する処《ところ》の所詮《しょせん》是《これ》なり、若《も》し然《しか》らば広宣流布《こうせんるふ》の大願《だいがん》も叶《かな》うべき者《もの》か

現代語訳

総《そう》じて日蓮の弟子檀那《だんな》らが、自分と他人、彼《かれ》と此《これ》という分《わ》け隔《へだ》ての心をもたず、水と魚のように親密《しんみつ》な思いを抱《いだ》き、異体同心《いたいどうしん》で南無妙法蓮華経と唱《とな》えたてまつるところを生死《しょうじ》一大事《いちだいじ》の血脈《けつみゃく》というのである。

しかも今、日蓮が弘通《ぐつう》する所詮《しょせん》はこれである。もし、この通りになるならば、広宣流布の大願《だいがん》も成就《じょうじゅ》するであろう。

「師弟不二《していふに》」「異体同心《いたいどうしん》」こそ根幹

妙法の「調和」の法理《ほうり》を、広宣流布の指標《しひょう》として示されたのが「異体同心《いたいどうしん》」の実践です。私たちが幾度《いくど》となく心に刻《きざ》み、実践の糧《かて》としてきた「生死一大事《しょうじいちだいじ》血脈抄《けつみゃくしょう》」〈注7〉の最重要の御聖訓《ごせいくん》を拝《はい》してまいりたいと思います。

まず「日蓮が弟子檀那等《だんなとう》」と仰《おお》せです。日蓮仏法の根幹はどこまでいっても「師弟不二《していふに》の信心」にあります。「師弟不二」という縦糸《たていと》と「異体同心《いたいどうしん》」という横糸《よこいと》によって、世界へ「広宣流布」という平和と幸福の多彩《たさい》な旗《はた》が織《お》り成《な》されていくのです。

この御文《ごもん》で「生死一大事《しょうじいちだいじ》の血脈《けつみゃく》」、つまり万人成仏《ばんにんじょうぶつ》の血脈を一切衆生《しゅじょう》に受け継《つ》がせるための三点の要諦《ようてい》を教えられています。

まず「自他彼此《じたひし》の心なく」です。

自分や他人という分け隔《へだ》てや対立、エゴの心をなくしていくことです。

続いて「水魚《すいぎょ》の思《おもい》を成《な》して」とあります。

水と魚が互《たが》いに、かけがえのない存在であるように、尊敬し合い、理解し合い、助け合っていくということです。

さらに「異体同心《いたいどうしん》」と仰《おお》せです。

個性や立場が異《こと》なっていても、同じ目的や価値観に立つということです。

座談会《ざだんかい》は平和と幸福のオアシス

このような「生死一大事血脈《しょうじいちだいじけつみゃく》」が流れ通《かよ》う異体同心《いたいどうしん》の「調和」の世界は、一体どこにあるか。その象徴《しょうちょう》こそ、今や世界各国で「ザダンカイ」として親しまれている学会伝統の座談会《ざだんかい》の姿ではないでしょうか。

座談会《ざだんかい》には、文字通り老若男女《ろうにゃくなんにょ》が集《つど》います。草創《そうそう》から広布一筋《ひとすじ》に歩《あゆ》んできた笑顔皺《じわ》のまぶしい多宝《たほう》の大先輩もいれば、元気いっぱいの後継《こうけい》の未来っ子もいます。

仕事の苦境《くきょう》を乗り越えた友、病魔《びょうま》に屈《くっ》することなく闘病《とうびょう》に励《はげ》む友もいる。同志の誠実と真心の誘いで久しぶりに顔を出してくれた懐《なつ》かしい友。また、足を運《はこ》んでくださったご友人の方々、さらには日頃から友好を結ぶ地域の名士《めいし》が参加される場合もあるでしょう。

学会の座談会《ざだんかい》こそ、多種多彩《たしゅたさい》なメンバーが集《つど》い合って場を共にし、皆が平等に語り合う、平和と文化と幸福のオアシスです。一人一人がどのような状況であろうとも、決して誰一人置き去りにすることなく、励《はげ》ましの語らいの花を咲《さ》かせゆくのです。

先ほども紹介したボールディング博士も、来日した折《おり》に学会婦人部と交流され、実際に小さな集《つど》いに参加してくださいました。

私との対談の中でも、その時のことを嬉しそうに振《ふ》り返られています。「小グループの会合の利点は、お互いの顔が、平等に見えることです。そして、お互いの話をよく聞き、お互いをよく知ることができます。それによって、心を一つにして、目的へと進むことができるのです」

座《ざ》談会《だんかい》に実現されている平等の意義を、鋭《するど》く捉《とら》えてくださった言葉です。

「対話」「座談《ざだん》」こそ仏教の出発点

そもそも仏教の出発点は「対話」にあり、釈尊《しゃくそん》も「座談《ざだん》」を重視していました。釈尊は覚《さと》りを開いた後、高みから一方的に教えを説《と》いたのではなく、まず五人の旧友《きゅうゆう》と忌憚《きたん》なく語り合うことから「対話の遠征《えんせい》」を始めました。そのオープンな姿勢は、以後も全《まった》く不変《ふへん》です。ある時、悩みを抱《かか》えて森をさまよう青年と出会うと、こう声を掛けました。

「若者よ、ここに悩みはないのだ。さあ、ここに来て、座りなさい」

そして、釈尊《しゃくそん》が座っていた敷物《しきもの》の半座《はんざ》を分《わ》けて青年を座らせ、語り合ったのです。これこそ「座談《ざだん》」の姿そのものです。

学会の座談会《ざだんかい》も全《まった》く同じです。皆、垣根《かきね》なく迎え入れてもらえます。皆が、そこにいていいのです。

さまざまな悩みを抱《かか》えながらも、その場に座《ざ》を分《わ》けて共にいること自体が尊《とうと》い。しかも同じ目線で同苦《どうく》し、共に苦難《くなん》を乗り越えようという共感と対話がある。いわば座談会《ざだんかい》自体が各人の人間革命を促《うなが》す場でもあるのです。

座談会《ざだんかい》を軸《じく》とした「異体同心《いたいどうしん》」の絆《きずな》は、今や世界中に広がっています。二十一世紀の希望大陸・アフリカでも、異体同心《いたいどうしん》を合言葉《あいことば》に、創価家族が仲良く力《ちから》強《づよ》く前進してくれているのです。

アフリカが「調和の大国」に

二〇一二年（平成二十四年）九月、世界各国から来日した若きＳＧＩのリーダーを代表して、私はアフリカメンバーとの出会いを結びました。十カ国十七人の友でした。

皆が口々に世界広布への誓いを声高らかに叫《さけ》んでいた姿が忘れられません。私は、瞳《ひとみ》を輝《かがや》かせた未来を担《にな》う青年たちに、最大限のエールを送りました。

一口《ひとくち》にアフリカといっても、それぞれの言語も異《こと》なります。しかしながら研修会を通して交流を深め、帰国後も今に至《いた》るまで定期的に連携《れんけい》を取り、励《はげ》まし合っています。また、代表参加した青年を送り出してくれた各国のメンバーも、この出会いをわが喜びと受け止めてくれています。アフリカのメンバーの姿こそが「調和の大国」の模範《もはん》です。

言語や文化を超えて、心と心が一つになる。創価の異体同心《いたいどうしん》の「調和」の世界には、信心という「心」で結ばれた、最も強く最も深く最も美しい「人間の絆《きずな》」があります。この麗《うるわ》しき人間共和の世界を築き広げることは、二十一世紀の宗教の何よりの証明といえるでしょう。

今、この「調和の哲学」を掲《かか》げる創価の青年たちの連帯に、各界の識者の方々から賛同《さんどう》と期待の声が寄せられています。

多文化が共生《きょうせい》するマレーシアの名門・マレーシア公開大学のアヌワール学長は、社会貢献《こうけん》に励《はげ》む同国青年部の活躍を賞讃《しょうさん》してくださり、このように述《の》べられました。

「皆さんが大切に掲《かか》げている思想・哲学は、多民族・多文化の社会に調和を促《うなが》していく上で、非常に大きな役割を担《にな》っています。ゆえに、皆さんには、世界中の青年たちの憧《あこが》れとなり、模範《もはん》となっていただきたいのです」

自体顕照《じたいけんしょう》のわが道歩《あゆ》め

創価の青年たちの使命は、ますます重大です。どうか世界の地涌《じゆ》の若人《わこうど》は、威風《いふう》も堂々《どうどう》と、「平和」と「調和」の哲学を掲《かか》げ、今、自分がいる場所で、先《せん》駆《く》となって行動していってほしいのです。

戸田先生はよく、「自分自身に生きよ」と語られていました。妙法を持《たも》つ青年がわが使命を深く自覚《じかく》した時、思う以上の力《ちから》を出せる。伸び伸びと自分らしく戦うことができます。

〝自分なんか〟などと遠慮《えんりょ》したり、卑下《ひげ》したりする必要は全《まった》くありません。自体顕照《じたいけんしょう》〈注8〉の大仏法です。自分らしく、自分の持つ個性や特質を、妙法の力《ちから》で最大限に発揮《はっき》していけばよいのです。誰にも、自分にしか果《は》たせない使命があります。皆が、わが誓願《せいがん》の劇の主人公であり、広宣流布の名優であると胸を張って勇《いさ》んで進んでもらいたい。

「調和の哲学」で人間主義の潮流《ちょうりゅう》を

いよいよ、仏法の「平和」と「調和」の哲学と実践が、人類史の晴れ舞台で注目される時代になりました。

――万人《ばんにん》の尊厳性《そんげんせい》を高らかに宣言する妙法だからこそ、あらゆる差異を認め、多様性《たようせい》を尊重《そんちょう》していくことができる。

妙法は「活《かつ》の法門《ほうもん》」であり、「開会《かいえ》の法門」であるからこそ、一切を生かしきっていくことができる。

そして妙法に連《つら》なる「異体同心《いたいどうしん》」の精神で、人と人との絆《きずな》を紡《つむ》ぐ「調和」の世界を築いていくことができる。

今、仏法の人間主義の大潮流《だいちょうりゅう》が、世界中に広がっています。私たちの創価の対話を、人類が求めているのです。頼もしき後継《こうけい》の青年たちと共に、勇気と確信に満《み》ちて、一人一人の宝塔《ほうとう》を開きながら、この地球に生きる民衆の連帯を拡大していきたい。万人《ばんにん》尊敬の豊かな世界を創《つく》る我《われ》らの使命は、いやまして大きいのです。

［注　解］

〈注1〉【原水爆禁止宣言】第二代会長の戸田城聖先生が、原水爆の実験・使用の禁止を訴《うった》えた宣言。一九五七年（昭和三十二年）九月八日、神奈川県横浜市の三ツ沢《みざわ》の競技場で開かれた創価学会青年部の体育大会の際《さい》、遺訓《いくん》の第一として発表された。創価学会の平和運動の原点となっている。

〈注2〉【エリース・ボールディング博士】一九二〇年～二〇一〇年。アメリカの平和学者・社会学者。国際平和研究学会事務局長、国連大学理事などを務《つと》め、ユネスコの提唱《ていしょう》した「平和の文化」の推進《すいしん》に貢献《こうけん》。池田先生との対談集に『「平和の文化」の輝く世紀へ！』がある。

〈注3〉【御義口伝】本書57ページ〈注3〉参照。

〈注4〉【無作三身《むささんじん》】生命に本来具《そな》わる仏界《ぶっかい》の三つの側面《そくめん》（法身《ほっしん》・報身《ほうしん》・応身《おうじん》）。「法身」とは覚《さと》りの法《ほう》そのもの、「報身」は法を覚知《かくち》する智慧《ちえ》、「応身」は人々を救《すく》うために現す実践の姿。

〈注5〉【法華経題目抄《ほけきょうだいもくしょう》】文永《ぶんえい》三年（一二六六年）一月、念仏《ねんぶつ》への執着《しゅうちゃく》を捨て切れない女性門下《もんか》に送られたとされる。法華経の題目を唱《とな》える功徳《くどく》を問答《もんどう》形式で示されている。

〈注6〉「相待妙《そうだいみょう》」とは、法華経と諸経《しょきょう》を比較・相対《そうたい》して、諸経は部分的な真実しか説《と》かれておらず、粗末《そまつ》で劣《おと》っているのに対して、法華経は仏《ほとけ》の覚《さと》りの真実を完全に説《と》ききっているがゆえに、法華経は妙《みょう》であり勝《すぐ》れているということ。したがって、諸経《しょきょう》への執着《しゅうちゃく》を捨てて法華経を用《もち》いることが大切となる。一方「絶待妙《ぜつだいみょう》」とは、真実を説ききった法華経は諸経を全《すべ》て包摂《ほうせつ》するので、相対《そうたい》するものは絶《ぜっ》していて妙であるということ。法華経を根本として一切の諸経をみれば、諸経も真実の一部を説くものであり、法華経へと導《みちび》く方便《ほうべん》として、全てを生かしていける。この「絶待妙」の立場から、方便の法を開いて真実の法に会入《えにゅう》させる法門《ほうもん》のことを「開会《かいえ》」という。

〈注7〉【生死一大事血脈抄《しょうじいちだいじけつみゃくしょう》】文永《ぶんえい》九年（一二七二年）、佐渡《さど》・塚原《つかはら》で認《したた》められ、同じく佐渡に流《る》罪中《ざいちゅう》の最蓮房《さいれんぼう》に与えられたとされる。生死一大事血脈という成仏《じょうぶつ》の要諦《ようてい》に関する法門《ほうもん》について、最蓮房の質問に答えられた書《しょ》。

〈注8〉【自体顕照《じたいけんしょう》】本来ありのままの姿（自体）を、照らし顕《あらわ》していくこと。かけがえのない自分自身を正しく知り、自己の個性を最高に輝《かがや》かせていくことといえる。

幸　福——一人ももれなく栄光勝利の人生を

大切な仏子《ぶっし》を、一人ももれなく幸福に！

これが、恩師《おんし》・戸田城聖《じょうせい》先生が第二代会長に、また、私が第三代会長に就任《しゅうにん》した、「五月三日」に輝《かがや》きわたる「創価の心」です。

それは、仏《ほとけ》の切《せつ》なる願いの実現であり、ここに創価学会の存在意義もあります。

恩師《おんし》が、東北のラジオ局のインタビューに応じられた時のことです。会員に望むことを聞かれ、即座《そくざ》に答えられました（一九五六年四月）。

「特別なことはありません。ただ信心を強固《きょうこ》にしてですね、一日も早く幸福になれと。これが私の主張です」

〝宗教のために人間がいるのではない。人間が幸福になるためにこそ宗教がある〟との大宣言でもありました。学会は、民衆の幸福を第一義として、この世に出現したのです。

「創価学会仏《ぶつ》」との無上《むじょう》の誇り

戸田先生は明言《めいげん》されました。

「『創価学会仏《ぶつ》』――未来の経典《きょうてん》には、こう学会の名《な》が記《しる》されるのだよ」

私の胸は高鳴りました。

それは、法華経不軽品《ふきょうほん》に説《と》かれる威音王仏《いおんのうぶつ》に即《そく》しての厳然《げんぜん》たる大確信です。

――最初の威音王仏《いおんのうぶつ》は、衆生《しゅじょう》を教化《きょうけ》し、入滅《にゅうめつ》した。次に現れた仏《ほとけ》もまた、威音王仏と名乗り、民衆を救済《きゅうさい》した。一代《いちだい》限りで終わることなく、次の代、さらに次の代と現れた。

そして、二万億もの仏《ほとけ》が、みな同じ「威音王仏《いおんのうぶつ》」という名前で、長遠《ちょうおん》なる歳《さい》月《げつ》、民衆を救済《きゅうさい》してきた――と。

戸田先生は、「次第に二万億の仏有し、皆同一の号なり」（法華経五五六ジペー）と描《えが》かれている無数の仏とは、〝永遠に民衆を救済《きゅうさい》し続ける、威音王仏《いおんのうぶつ》の名を冠《かん》した「和合僧団《わごうそうだん》」であり、「組織」のことといえまいか〟と、鋭《するど》く洞察《どうさつ》されたのです。

まさしく「創価学会仏《ぶつ》」とは、初代会長・牧口常三郎《つねさぶろう》先生、第二代会長・戸田城聖先生という師弟《してい》に連《つら》なり、広宣流布の大誓願《だいせいがん》に生き抜く地涌《じゆ》の菩薩《ぼさつ》の集《つど》いにほかなりません。

今、創価の連帯は、世界百九十二カ国・地域に広がりました。地球上のあの地にも、この地にも、同志が誕生し、その一人一人が自他共《じたとも》の幸福の拡大に邁《まい》進《しん》しています。恩師《おんし》の描《えが》いた未来図が現実となっているのです。

大事なことは、最極《さいごく》の仏《ほとけ》の陣列《じんれつ》である学会から、生涯、離れることなく、仲良き異体同心《いたいどうしん》の団結で歩《あゆ》み抜くことに尽きます。そこにこそ、永遠の幸福の軌《き》道《どう》、栄光の軌道、勝利の軌道があるからです。

御文

御義口伝《おんぎくでん》、御書七八七ジベー六行目～七行目

自身《じしん》の仏乗《ぶつじょう》を悟《さと》って自身の宮殿《きゅうでん》に入《い》るなり所謂《いわゆる》南無妙法蓮華経と唱《とな》え奉《たてまつ》るは自身の宮殿に入るなり

現代語訳

自身の内なる妙法を悟《さと》って、自身の宮殿《きゅうでん》に入《はい》るのである。南無妙法蓮華経と唱《とな》えるということが、自身の宮殿に入っていくことなのである。

我《わ》が生命に金剛不壊《こんごうふえ》の宮殿《きゅうでん》

ここで学ぶ「御義口伝《おんぎくでん》」〈注1〉の一節は、牧口先生が大切に拝《はい》していた御《ご》文《もん》です。

自分自身の生命に仏性《ぶっしょう》〈注2〉が厳然《げんぜん》と具《そな》わり、妙法を唱《とな》えるならば、即《そく》、仏界《ぶっかい》を現して最高の幸福境涯《きょうがい》を開いていけることを教えられています。

ここで示される「自身の宮殿《きゅうでん》」とは、一人一人の生命にまぎれもなく具《そな》わっている仏性《ぶっしょう》のことです。

この宮殿《きゅうでん》は、富《とみ》や名声《めいせい》や権力《けんりょく》などで外面《がいめん》を飾《かざ》った作り物の宮殿ではありません。全宇宙の財宝《ざいほう》を集めてもなお及《およ》ばない、最高に尊貴《そんき》で、絶対に崩《くず》れることのない金剛不壊《こんごうふえ》の幸福の大宮殿です。それも、一切の差別なく、全衆生《ぜんしゅじょう》の生命に具《そな》わっています。ここに仏法が説《と》く生命尊厳《そんげん》の基盤《きばん》があるのです。

私たちが目指すべき幸福は、何ものにも壊《こわ》されない「絶対的幸福」です。それは「自身の宮殿《きゅうでん》に入《い》る」ことであり、自身の仏界《ぶっかい》を開いていくことです。

苦難《くなん》を勝ち越えるための妙法

では、自身の宮殿《きゅうでん》の扉《とびら》を開く鍵《かぎ》は何か。それは、「自身の仏乗《ぶつじょう》を悟《さと》る」ことであると仰《おお》せです。つまり、自分自身が妙法の当体《とうたい》であると確信することです。戸田先生はよく、「自分自身が南無妙法蓮華経だと決めることだ！」と叫《さけ》ばれました。

「自分なんか幸せになれない」と卑下《ひげ》すれば、それは妙法への不信であり、成仏《じょうぶつ》への鍵《かぎ》を自分から捨ててしまうようなものです。自分で自分を貶《おとし》めてしまうなど、そんなことは、断《だん》じてあってはなりません。

日蓮大聖人は「無一不成仏《むいちふじょうぶつ》と申《もう》して南無妙法蓮華経を只一度申《ただひとたびもう》せる人《ひと》・一人《ひとり》として仏《ほとけ》にならざるはなしと・とかせ給《たま》いて候《そうろう》」（御書一五七三ページ）と仰《おお》せです。

ゆえに、妙法をひとたび受持《じゅじ》した人は、いかなる苦難《くなん》も勝ち越えられないわけがないのです。そして、自《みずか》らが断《だん》じて幸福になり、皆を断じて幸福にする使命があるのです。

御文

法華《ほっけ》初心成仏抄《しょしんじょうぶつしょう》、御書五五七ジペー六行目～十行目

我《わ》が己心《こしん》の妙法蓮華経を本尊《ほんぞん》とあがめ奉《たてまつ》りて我《わ》が己心中《こしんちゅう》の仏性《ぶっしょう》・南無妙法蓮華経とよびよばれて顕《あらわ》れ給《たも》う処《ところ》を仏《ほとけ》とは云《い》うなり、譬《たと》えば籠《かご》の中《なか》の鳥《とり》なけば空《そら》とぶ鳥のよばれて集《あつ》まるが如《ごと》し、空とぶ鳥の集まれば籠の中の鳥も出《い》でんとするが如し口《くち》に妙法をよび奉れば我が身の仏性もよばれて必《かなら》ず顕《あらわ》れ給《たも》ふ、梵王《ぼんのう》・帝釈《たいしゃく》の仏性はよばれて我等《われら》を守《まも》り給《たも》ふ、仏菩薩《ぶつぼさつ》の仏性はよばれて悦《よろこ》び給《たも》ふ、されば「若《も》し暫《しばら》くも持《たも》つ者《もの》は我《わ》れ則《すなわ》ち歓喜《かんき》す諸仏《しょぶつ》も亦然《またしか》なり」と説《と》き給《たも》うは此《こ》の心《こころ》なり

現代語訳

私たち自身の心に具《そな》わる妙法蓮華経を本尊として尊崇《そんすう》して、私たち自身の心の中の仏性《ぶっしょう》を南無妙法蓮華経と呼び、呼ばれて現れるものを仏《ほとけ》というのである。

譬《たと》えていうと、籠《かご》の中の鳥が鳴けば、空を飛ぶ鳥が呼ばれて集まるようなものである。空を飛ぶ鳥が集まれば、籠の中の鳥が出ようとするようなものである。

口《くち》で妙法をお呼びすれば、私たち自身の仏性《ぶっしょう》も呼ばれて必ず現れる。梵王《ぼんのう》や帝釈《たいしゃく》の仏性は呼ばれて、私たちを守ってくださる。仏や菩《ぼ》薩《さつ》の仏性は呼ばれて喜んでくださるのである。

それゆえ、「もし少しの間でも、(法華経を)持《たも》つ者《もの》がいれば、わたし(釈尊《しゃくそん》)は即座《そくざ》に歓喜《かんき》する。仏たちもまた同じである」(法華経見宝《けんほう》塔品《とうほん》第十二）と説《と》かれているのは、この心である。

唱題こそ幸福への大直道《だいじきどう》

絶対的な幸福境涯《きょうがい》の確立は、全《すべ》て唱題から始まることを教えられた一節です。

ここで拝《はい》する「法華初心成仏抄《ほっけしょしんじょうぶつしょう》」〈注3〉の御文《ごもん》の直前には、「一度妙法蓮華《ひとたびみょうほうれんげ》経《きょう》と唱《とな》うれば……一切衆生《いっさいしゅじょう》の心中《しんちゅう》の仏性《ぶっしょう》を唯一音《ただひとこえ》に喚《よ》び顕《あらわ》し奉《たてまつ》る功徳《くどく》・無量無辺《むりょうむへん》なり」（御書五五七ジペー）と仰《おお》せです。

唱題に徹すれば、無量《むりょう》の功徳《くどく》に包まれます。たとえ今、苦境《くきょう》にあっても、何も恐れる必要はない。唱題こそ、幸福への大直道《だいじきどう》なのです。

大聖人は、籠《かご》の中の鳥と空の鳥が呼び合い、感応《かんのう》し合う譬《たと》えを通し、御本尊を信じて妙法を唱《とな》える時、その身のままで仏界《ぶっかい》の生命が現れると仰《おお》せです。唱題は、仏《ほとけ》の生命を我《わ》が身に開き輝《かがや》かせ、十界《じっかい》の一切衆生《しゅじょう》の心中《しんちゅう》の仏性《ぶっしょう》を呼び現す荘厳《そうごん》な儀式《ぎしき》です。

「よびよばれて」の呼ぶとは、御本尊への唱題です。南無妙法蓮華経は自身の仏性《ぶっしょう》の名です。したがって呼ばれるのは、己心《こしん》の仏性です。つまり、唱題によって自《みずか》ら己心の仏性を呼び現すのです。さらに、皆の仏性も呼び現していけるのです。

他人が自分を幸福にしてくれるのではありません。幸福は自分が築くものです。不幸を他人のせいにしても、何も生まれません。あくまでも自分の人生は、自分自身で切り開くのです。その自分自身を最大に輝《かがや》き光らせていく音律《おんりつ》が、題目《だいもく》なのです。

仏《ほとけ》とは「戦い続ける人」の異名《いみょう》

仏教学者の中村元《はじめ》博士〈注4〉は、釈尊《しゃくそん》の成仏《じょうぶつ》への考察を通して論《ろん》じています。

「ブッダ（＝覚者《かくしゃ》）となったあとでも、かれ（＝釈尊《しゃくそん》）は依然《いぜん》として人間であった」「さとりを開いて『仏《ほとけ》』という別のものになるのではない」（『ゴータマ・ブッダI』、『中村元選集［決定版］第11巻』所収、春秋社）

成仏《じょうぶつ》といっても、別の何かになるわけではありません。釈尊《しゃくそん》も、決して人間以外の何か特別な存在になったわけではありません。

仏《ほとけ》になっても、人生の苦しみがなくなるわけではありません。苦しみのない人生などありえない。生きている限り、苦悩や苦難《くなん》との戦いは続きます。

むしろ、妙法を唱《とな》え人々を救《すく》うために苦《く》の根源である無明《むみょう》〈注5〉や魔《ま》〈注6〉と間断《かんだん》なく闘争《とうそう》することが、仏道修行《ぶつどうしゅぎょう》なのです。その瞬間、瞬間に仏性《ぶっしょう》が涌現《ゆげん》していくのです。そこにこそ、凡夫《ぼんぷ》のままで仏界《ぶっかい》を開く凡夫即極《そくごく》の真髄《しんずい》があります。生老病死《しょうろうびょうし》の根源の苦を超克《ちょうこく》していく仏法の光道《こうどう》が開かれるのです。

これが、「人間の宗教」の真骨頂《しんこっちょう》なのです。

御文《ごもん》に、「仏菩薩《ぶつぼさつ》の仏性《ぶっしょう》はよばれて悦《よろこ》び給《たも》ふ」と仰《おお》せです。広布に戦う誓願《せいがん》の祈りによって、いうならば全宇宙の仏性を呼び覚まして味方につけ、最高の幸福境涯《きょうがい》を得ることができる、ということです。

我々《われわれ》の唱題行《しょうだいぎょう》は、仏菩薩《ぶつぼさつ》の仏性《ぶっしょう》を呼ぶだけでなく、喜ばせることができるのです。題目《だいもく》の師子吼《ししく》によって戦い、躍動《やくどう》する生命は、大歓喜《だいかんき》の仏天《ぶってん》に加護《かご》され、無上《むじょう》真実の幸福を拡大できるのです。

境涯《きょうがい》を変える如実知見《にょじつちけん》の智慧《ちえ》

仏法の智慧《ちえ》は、「幸福への直道《じきどう》」です。

大聖人は、「餓鬼《がき》は恒河《ごうが》を火と見《み》る・人《ひと》は水《みず》と見・天人《てんにん》は甘露《かんろ》と見る、水は一《ひとつ》なれども果報《かほう》にしたがって見るところ各別《かくべつ》なり」（御書一〇五〇ページ）と仰《おお》せです。

同じ世界であっても、仏《ほとけ》と衆生《しゅじょう》とでは違って見える、違って感じられます。それは、見る者《もの》の境涯《きょうがい》が違うからです。

私たちの姿は悩み多き凡夫《ぼんぷ》でも、仏《ほとけ》の智慧《ちえ》を発揮《はっき》すれば、苦悩の世界が一変《いっぺん》するのです。「如実知見《にょじつちけん》」〈注7〉です。

智慧《ちえ》の眼《まなこ》を開けば、全《すべ》ての衆生《しゅじょう》に仏性《ぶっしょう》が具《そな》わっていると実《じつ》の如《ごと》く知見《ちけん》できます。森羅万象《しんらばんしょう》の真実の姿も、ありのままに知見できるのです。ゆえに妙法を唱《とな》えていけば、いかなる悩みも、必ず変毒為薬《へんどくいやく》できる。そして、全てに意味があり、仏法には無駄《むだ》がないと納得できるのです。

病気になったからこそ真剣に祈れた！

苦難《くなん》と戦ったからこそ境涯《きょうがい》が開けた！

宿命《しゅくめい》としか言いようのない試練《しれん》に直面《ちょくめん》したとしても、仏《ほとけ》の眼《まなこ》から見れば、全部がさらなる高みに開かれていくのです。

見方が変わる、つまり一念《いちねん》が変われば、全《すべ》ての苦難《くなん》が自身の人間革命の糧《かて》となる。その転換《てんかん》のドラマを、自分自身が名優《めいゆう》となり、幸福勝利で飾《かざ》ることができるのです。

ゆえに、うれしい時も、悲しい時も、御本尊を離さず、題目《だいもく》を唱《とな》え続けることです。祈り抜き、祈り切る中で仏《ほとけ》の智慧《ちえ》を発揮《はっき》して、苦しみの世界を、民衆救済《きゅうさい》の使命の舞台とし、喜びの宝土《ほうど》としていけるのです。

戸田先生は、本抄《ほんしょう》を通し、「御本尊に向かって題目《だいもく》を唱《とな》えている人それ自身が、本尊の体《たい》となること、これ明《あき》らかである。このゆえに、この姿こそ真の受持《じゅじ》といわれるのではなかろうか」と語られました。

どのような逆境《ぎゃっきょう》にも打ちひしがれず、祈り、戦っていること自体が勝利であり、何ものをも恐れない仏《ほとけ》の姿なのです。

御文

持妙法華問答抄《じみょうほっけもんどうしょう》、御書四六七ジペー十六行目～十八行目

寂光《じゃっこう》の都《みやこ》ならずは何《いず》くも皆苦《みなく》なるべし本覚《ほんがく》の栖《すみか》を離《はな》れて何《なに》事《ごと》か楽《たのし》みなるべき、願《ねが》わくは「現世安穏《げんぜあんのん》・後生善処《ごしょうぜんしょ》」の妙法を持《たも》つのみこそ只今生《ただこんじょう》の名聞《みょうもん》・後世《ごせ》の弄引《ろういん》なるべけれ須《すべから》く心《こころ》を一《いつ》にして南無妙法蓮華経と我《われ》も唱《とな》へ他《た》をも勧《すすめ》んのみこそ今生《こんじょう》人界《にんかい》の思出《おもいで》なるべき

現代語訳

「寂光《じゃっこう》の都《みやこ》」以外は、どこも皆、苦しみの世界である。真実の覚《さと》り

の住《す》みかを離れて、何が楽しみといえるだろうか。

願うのは、「今世《こんぜ》の生《せい》は安穏《あんのん》であり、後世《ごせ》は善い処《よところ》に生まれる」と仰《おお》せの妙法を持《たも》つことだけが、今生《こんじょう》には真の名誉《めいよ》となり、後生《ごしょう》には成《じょう》仏《ぶっ》へと導《みちび》いてくれることである。

どこまでも一心《いっしん》に、南無妙法蓮華経と自分も唱《とな》え、人にも勧《すす》めていきなさい。まさにそれだけが、今生《こんじょう》に人間として生まれてきた思い出となるのである。

「現世安穏《げんぜあんのん》・後生善処《ごしょうぜんしょ》」を実現

妙法蓮華経を受持《じゅじ》することによって、仏《ほとけ》の境涯《きょうがい》を開いていけることを教えられた「持妙法華問答抄《じみょうほっけもんどうしょう》」〈注8〉の一節です。

大聖人の仏法は、あくまでも、現実世界で悪戦苦闘《あくせんくとう》している民衆を救《すく》う仏法です。

「寂光《じゃっこう》の都《みやこ》」「本覚《ほんがく》の栖《すみか》」とは、仏法が説《と》く幸福境涯《きょうがい》のことです。自身の胸中《きょうちゅう》に、仏界《ぶっかい》の生命を現す以外に、真実の幸福への道はないのです。

そのために、「現世《げんぜ》安穏《あんのん》・後生善処《ごしょうぜんしょ》（今世《こんぜ》の生は安穏《あんのん》であり、後世《ごせ》は善い処《ところ》に生まれる）」の妙法を受持《じゅじ》するのであると仰《おお》せです。

仏教の中には、現世《げんぜ》を嫌い、後生《ごしょう》にしか幸福を見いださない考えもあります。法華経は、「現世安穏《あんのん》の幸福」と、「後生善処《ごしょうぜんしょ》の幸福」との両方を真に実現する唯一《ゆいいつ》の経典《きょうてん》です。現当二世《げんとうにせ》にわたって、民衆を救《すく》っていく教えなのです。

どこまでも大事なのは「今」です。

真の「現世安穏《げんぜあんのん》」とは、何があっても〝私には御本尊がある〟ということです。そして、〝私には師匠《ししょう》がいる〟〝同志がいる〟と、何ものにも揺《ゆ》るがず、共々に励《はげ》ましあい、広宣流布に生き抜くのです。そのために学会という安全地帯があるのです。

「今生《こんじょう》の名聞《みょうもん》・後世《ごせ》の弄引《ろういん》」

「妙法を持《たも》つのみこそ只今生《ただこんじょう》の名聞《みょうもん》・後世《ごせ》の弄引《ろういん》」と、御本尊から絶対に離れない人こそ、仏《ほとけ》から讃《たた》えられる永遠の「名聞《みょうもん》」の人であると仰《おお》せです。

今世《こんぜ》限りの名聞《みょうもん》、つまり地位や名声や財産を求めるだけでは、さらなる欲望《よくぼう》や虚栄《きょえい》に苛《さいな》まれることになりかねず、そこには永続的な充実感や満足感はありません。今世で生まれてきた深い意味も、〝何のために生きるのか〟との目的の探求《たんきゅう》もない。現実の荒波《あらなみ》に流されたり、表面的な姿に翻弄《ほんろう》されたりする人生ほど、空《むな》しくわびしいものはありません。

この御書は、だからこそ、大事な一生を妙法によって、永遠の幸福境涯《きょうがい》で、飾《かざ》っていきなさいと教えています。この信心に巡《めぐ》りあい、御本尊を持《たも》つこと以上に本当の「名聞《みょうもん》」、真実の「名誉《めいよ》」はありません。これこそ永遠に色褪《いろあ》せない生命の勲章《くんしょう》です。

自分だけの幸福もなければ、他人だけの幸福もない。これが、仏法の幸福観です。自他共《じたとも》の幸福のために、勇敢《ゆうかん》に地涌《じゆ》の使命に生き抜くことが、無上《むじょう》の喜びとなるのです。

「心の財《たから》」を積む「今生《こんじょう》の思出《おもいで》」

「我《われ》も唱《とな》へ他《た》をも勧《すすめ》んのみこそ今生人界《こんじょうにんかい》の思出《おもいで》」と教えられています。今世《こんぜ》で仏縁《ぶつえん》の拡大に挑戦し抜く人は、最高の「心の財《たから》」を積むことができるのです。今世の最高の思い出であり、最高に充実した幸福の人生を歩《あゆ》んでいけるのです。

たとえ「蔵《くら》の財《たから》」「身《み》の財《たから》」はあっても、「心の財《たから》」を積んでいない人生は、真に幸福とはいえません。

高齢時代を迎え、年とともに思うように活動できなくなる方もいるかもしれない。しかし、これまで積んできた「心の財《たから》」は、決して壊《こわ》れません。

一歩でも二歩でも前進を

「随力弘通《ずいりきぐつう》」〈注9〉と仰《おお》せの如《ごと》く、今の自分、きょうの自分にできることを精《せい》いっぱいやればよいのです。家族や友人、後輩のことを祈り、賢明《けんめい》に創意工《そういく》夫《ふう》しながら、また互《たが》いに助け合い、励《はげ》まし合いながら、一歩でも二歩でも前進し続けることです。そこに「心の財《たから》」がさらに積まれていくのです。

私たちには、広宣流布という誓願《せいがん》があります。この誓いに生き抜く人生ほど、崇高《すうこう》な人生はありません。自分らしく広宣流布へ勇《いさ》んで行動する人こそ真の幸福者《こうふくもの》なのです。

「すがすがしい信心」こそ勝利の秘訣《ひけつ》

大歴史学者アーノルド・J・トインビー博士と対話を開始したのは、一九七二年（昭和四十七年）五月でした。

透徹《とうてつ》した英知で人類史を俯瞰《ふかん》してきた博士は、「真の幸福は、人間の精力《せいりょく》を物質的な富《とみ》の追求《ついきゅう》から精神的な目標の追求に転換《てんかん》することによって見出《みいだ》すことができます。精神的な目標の追求こそ、人間の活動のうちで無限に拡大する可能性を持つ唯一《ゆいいつ》の領域《りょういき》なのです」とつづっておられます〈注10〉。

「精神的な目標の追求《ついきゅう》」とは、自身の内面の探求《たんきゅう》と変革であり、私たちでいえば「人間革命」でありましょう。

戸田先生は、「絶対的幸福を得ることが人生の楽しみであり、人間革命である。すがすがしい信心こそ、断《だん》じて幸福になれる秘訣《ひけつ》である」と強調《きょうちょう》されました。

私たちの信仰は、「人間革命の宗教」です。

それは、自分がより賢明《けんめい》に、より強くなり、より善《よ》く生きていく戦いです。

この仏道修行《ぶつどうしゅぎょう》に励《はげ》みゆく「すがすがしい信心」の人に、仏界《ぶっかい》は力強《ちからづよ》く涌現《ゆげん》し、確かな幸福を築いていけるのです。

民衆救済《きゅうさい》の魂《たましい》のバトン

釈尊《しゃくそん》、そして日蓮大聖人は「万人成仏《ばんにんじょうぶつ》」という一切衆生《しゅじょう》の幸福の実現の道を開き、示されました。今、私どもは、この仏法正統《せいとう》の平和と幸福の運動を世界に広げ、そして、永遠ならしめるという、新たな挑戦を開始しています。

経典《きょうてん》で威音王仏《いおんのうぶつ》が、一代《いちだい》限りではなく、次の代、さらにその次の代へと、民衆救済《きゅうさい》のバトンを永続的に受け継《つ》いでいったように、私たちは「学会の永遠性」を確立していくのです。

創価三代の師弟《してい》が掲《かか》げて走り抜いてきた広布の魂《たましい》のバトンは、今、間違いなく世界中の地涌《じゆ》の若人《わこうど》に引き継《つ》がれています。今後、陸続《りくぞく》と続く新たな世代へ、さらなる世界広布の発展とともに深く広く、厳然《げんぜん》と継承《けいしょう》されていくことは間違いありません。

今こそ「学会の永遠性」の確立を

広宣流布に戦う生命は、「創価学会仏《ぶつ》」として永遠に輝《かがや》きわたっていきます。師弟不二《していふに》の精神によって継承《けいしょう》された麗《うるわ》しい異体同心《いたいどうしん》の仏勅《ぶっちょく》の和合《わごう》の前進にこそ、恒久的《こうきゅうてき》に仏《ほとけ》の生命が脈打《みゃくう》つのです。ここに「学会の永遠性」の確立があります。その時は、「今」です。

今、一切に勝利することで、永遠に崩《くず》れぬ創価城《じょう》が築かれていくのです。

さあ、人類史に燦然《さんぜん》と輝《かがや》く、幸福凱歌《がいか》の叙事詩《じょじし》を、共に喜び勇《いさ》んで、共々につづり残そうではありませんか！

この闘争《とうそう》の中にこそ、我《われ》らの真の幸福があることを確信して、歴史を創《つく》ってまいりたい。無限に続く青年がいるゆえに、創価の三代は永遠に幸福なのです。

［注　解］

〈注1〉【御義口伝】本書57ページ〈注3〉参照。

〈注2〉【仏性《ぶっしょう》】仏果《ぶっか》を得るための因《いん》として一切衆生《しゅじょう》に具《そな》わっている仏《ほとけ》の性分《しょうぶん》、本性《ほんしょう》。

〈注3〉【法華初心成仏抄《ほっけしょしんじょうぶつしょう》】本抄《ほんしょう》の詳細《しょうさい》な背景等《はいけいとう》は不明だが、内容から、かつて念仏《ねんぶつ》を唱《とな》えていた女性門下《もんか》に、法華経信仰の基本を教えられている御書であると拝《はい》される。

〈注4〉【中村元《はじめ》博士】一九一二年〜九九年。インド哲学者、仏教学者。古代インド哲学から、現代インド思想、比較思想学までの幅広《はばひろ》い研究領域《りょういき》で知られる。代表作に『東洋人の思惟方法』など。

〈注5〉【無明《むみょう》】生命の根本的な無知《むち》。究極《きゅうきょく》の真実を明かした妙法を信じられず、理解できない癡《おろ》かさ。また、その無知から起こる暗い衝動《しょうどう》。

〈注6〉【魔《ま》】信心修行者《しゅぎょうしゃ》の生命から、妙法の当体《とうたい》としての生命の輝《かがや》きを奪《うば》う働き。

〈注7〉【如実知見《にょじつちけん》】現実の相《そう》（ありさま、すがた）をありのままに見ること。法華経如来寿量品《にょらいじゅりょうほん》第十六には「如来は如実に三界《さんがい》の相を知見す」（法華経四八一ページ）とある。如来は、三界（衆生《しゅじょう》の住む現実の世界）を如実に知見して、森羅万象《しんらばんしょう》の十界《じっかい》（諸法《しょほう》）の真実の姿（実相《じっそう》）

を捉《とら》え、一切衆生《しゅじょう》を救済《きゅうさい》する智慧《ちえ》を説《と》くことができる。

〈注8〉【持妙法華問答抄《じみょうほっけもんどうしょう》】本抄《ほんしょう》は成立年代をはじめ諸説があり、詳細《しょうさい》は不明。題号《だいごう》に「持妙法華」とあるように、「妙法華」すなわち「妙法蓮華経」を「持《たも》つ」意義について、問答《もんどう》形式で教えられている。

〈注9〉【随力弘通《ずいりきぐつう》】おのおのの力《ちから》に随《したが》って、衆生《しゅじょう》を化導《けどう》するために法《ほう》を説《と》くこと。

〈注10〉引用は、アーノルド・J・トインビー著「物の豊かさ　心の豊かさ」滝沢荘一訳、『日本の活路』所収、国際PHP研究所。

希　望――創価の信仰は宿命《しゅくめい》を使命に転換《てんかん》

「創価の父」である初代会長・牧口常三郎《つねさぶろう》先生はある時、苦闘《くとう》を重ねて辛酸《しんさん》をなめ尽くしてきた壮年を、抱きかかえるように励《はげ》まされました。

「人生、あきらめなくてすむことが、たった一つある。それが信心である」と。

信心で乗り越えられない逆境《ぎゃっきょう》はありません。信心とは、無限の「希望の源《みなもと》」であり、「前進の力《ちから》」です。

実際に学会には、蘇生《そせい》のドラマが無数にあります。各人が苦難《くなん》や試練《しれん》を勝ち越え、幸福をつかみとった、「人間革命」「宿命転換《しゅくめいてんかん》」の実証《じっしょう》が世界中に光っています。

この事実こそ、日蓮仏法が現代において、真に民衆を救済《きゅうさい》しうる「力《ちから》ある宗教」であることの証左《しょうさ》なのです。

「生活法」として生き生きと脈動《みゃくどう》

信仰の偉大《いだい》な功力《くりき》を体得《たいとく》されていた牧口先生が、特に力《ちから》を入れたのは座談会《ざだんかい》でした。

その座談会《ざだんかい》で「大善生活《だいぜんせいかつ》」の「実験証明」を謳《うた》い、先生ご自身が先頭に立って、一人一人を励《はげ》ましていかれました。仏法は「生活法」であるとして、「人間のための宗教」「民衆のための宗教」を、生き生きと一人一人の現実の人生の上に脈動《みゃくどう》させたのです。

戦時中の一九四二年（昭和十七年）、牧口先生は、学会員の功徳《くどく》に満《み》ちた実証《じっしょう》を喜ばれ、「かかる体験談の発表は、全《まった》く命がけの結果であり、ダイヤモンドの様《よう》なものである」と語られました。

一方で先生は、実験証明がない宗教は、観念論《かんねんろん》にすぎないと厳しく喝破《かっぱ》されました。

「人間復興《ふっこう》」への宗教革命

先師《せんし》・牧口先生の行動は、「人間」という原点を忘れた宗教史を一変《いっぺん》させ、釈尊《しゃくそん》の源流《げんりゅう》、そして、日蓮大聖人の民衆救済《きゅうさい》の根本精神を取り戻すためのものでした。この宗教革命こそが、創価学会の永遠の使命であることを、身をもって教えてくださったのです。

この未聞《みもん》の革命の正しさを証明してきたのが、学会員の体験にほかなりません。「絶望」を「希望」へと転換《てんかん》してきたダイナミックなドラマは、その人間の尊厳性《そんげんせい》と強さを浮《う》き彫《ぼ》りにしています。

ここでは「希望」をテーマに、御書を拝《はい》し、「宿命《しゅくめい》を使命に変える」仏法者の生き方について学んでいきます。

御文

転重軽受法門《てんじゅうきょうじゅほうもん》、御書一〇〇〇ページ三行目～四行目

先業《せんごう》の重《おも》き今生《こんじょう》につきずして未来《みらい》に地獄《じごく》の苦《く》を受《う》くべきが今生にかかる重苦《じゅうく》に値《あ》い候《そうら》へば地獄の苦《くる》しみぱっときへて死《し》に候《そうら》へば人天《にんてん》・三乗《さんじょう》・一乗《いちじょう》の益《やく》をうる事《こと》の候《そうろう》

現代語訳

過去世《かこせ》でつくった宿業《しゅくごう》が重くて、現在の一生では消し尽くせず、未《み》来世《らいせ》に地獄《じごく》の苦しみを受けるはずであったものが、今の一生において、このような（法華経ゆえの大難《だいなん》という）重い苦しみにあったので、地獄の苦しみもたちまちに消えて、死んだ時には、人《にん》・天《てん》の利益《りやく》、声《しょう》

聞《もん》・縁覚《えんがく》・菩薩《ぼさつ》の三乗《さんじょう》の利益、そして一仏乗《いちぶつじょう》の利益たる成仏《じょうぶつ》の功徳《くどく》を得ることができる。

「直《ただ》ちに」「この身のまま」転換《てんかん》

「転重軽受《てんじゅうきょうじゅ》」は、涅槃経《ねはんぎょう》に説《と》かれる法理《ほうり》で、「重きを転《てん》じて軽く受く」と読みます。

これは、未来世《みらいせ》にまで続く重い宿業《しゅくごう》の報《むく》いを、今世《こんぜ》に法華経ゆえの苦難《くなん》にあうことで、軽く受けて消滅《しょうめつ》させることです。この「転重軽受法門《てんじゅうきょうじゅほうもん》」〈注1〉で「ぱっときへて」と仰《おお》せの通り、宿業の報いは、〝今〟〝直《ただ》ちに〟消滅すると教えられているのです。

一般に、「運命《うんめい》」というと、諦《あきら》めにも似た決定論や悲観論が想起《そうき》されがちです。しかし、日蓮仏法は、いかなる宿命《しゅくめい》も、〝直《ただ》ちに〟〝この身のままで〟転換《てんかん》していくことができると説《と》く希望の大哲理です。

戸田城聖《じょうせい》先生は厳然《げんぜん》と語られていました。

「この信心をして幸福にならないわけがない。心は王者でいきなさい。創価学会の名誉《めいよ》ある一員として誇りも高く生き抜きなさい」と。

笑みをたたえつつ、こうも言われました。

「自分がどれだけ偉大《いだい》な存在か。それを、皆、忘れているのだ。たしかに、家に帰っても、たいした食事もない。家も、宮殿《きゅうでん》みたいに大きくはない。だから自分は……と卑下《ひげ》するけれども、とんでもない！　人間それ自体が偉大なのである。いわんや、広宣流布をし抜いていく学会員こそ、崇高《すうこう》な仏《ほとけ》だ。最高の人間なのである」と。

創価学会には、〝祈りとして叶《かな》わざるなし〟の「御本尊」があります。広宣流布に生き抜く「師弟《してい》」があります。そして、三世《さんぜ》の絆《きずな》で結ばれた「同志」がいます。これこそ最大の「希望」です。

学会と共に、異体同心《いたいどうしん》の同志と共に信心に励《はげ》んでいくならば、越えられない「苦難《くなん》の坂」など断《だん》じてありません。どんな苦悩にも決して負けない。必ず悩みを克服《こくふく》できます。それが転重軽受《てんじゅうきょうじゅ》の功徳《くどく》なのです。

成仏《じょうぶつ》の境涯《きょうがい》を得る転重軽受《てんじゅうきょうじゅ》の功徳《くどく》

なぜ重い宿業《しゅくごう》の報《むく》いを直《ただ》ちに消していくことができるのか。それは、妙法を唱《とな》えていけば、「十界互具《じっかいごぐ》」の法理《ほうり》に則《のっと》って、生命に本来具《そな》わる自身の仏界《ぶっかい》を現すことができるからです。

太陽が昇《のぼ》れば、無数の星の光が直《ただ》ちに消え去るように、自身の生命に仏界《ぶっかい》の太陽を昇らせることによって、いかなる宿業《しゅくごう》の報《むく》いも全《すべ》て消し去ることができるのです。

さらに、宿業《しゅくごう》の報《むく》いを消すだけでなく、「人天《にんてん》・三乗《さんじょう》・一乗《いちじょう》の益《やく》をうる事《こと》の候《そうろう》」と仰《おお》せの通り、三悪道《さんあくどう》などの低い迷いの境涯《きょうがい》を流転《るてん》していた生命の軌道《きどう》を転換《てんかん》し、さまざまな利益《りやく》、なかんずく一仏乗《いちぶつじょう》――成仏《じょうぶつ》の利益を得ることができるのです。

通常の宿命転換《しゅくめいてんかん》の考え方は、過去世《かこせ》に作った宿業《しゅくごう》や罪障《ざいしょう》を、どう消滅《しょうめつ》するかに重きを置きます。しかし、本抄《ほんしょう》で大聖人は、一仏乗《いちぶつじょう》の利益《りやく》を説《と》き示すことで、転重軽受《てんじゅうきょうじゅ》とは、現在から未来に向かって、私たち自身の境涯《きょうがい》を開き、成仏《じょうぶつ》を約束する法門《ほうもん》であることを明《あき》らかにされます。

いわば、〝闇《くら》きから闇き〟への軌道《きどう》を転換《てんかん》し、永遠に崩《くず》れない〝常楽我浄《じょうらくがじょう》の軌道〟へと入っていくためのものです。

その転換点《てんかんてん》は、いつかではない。まさに「今」なのです。

今この瞬間こそ、今生《こんじょう》の「重苦《じゅうく》」が、妙法の功力《くりき》によって、「一乗《いちじょう》の益《やく》」へと大きく変わるターニング・ポイント（転換期《てんかんき》）となるのです。

私たちは、法華経ゆえの苦難《くなん》にあうことで、これまで自身を縛《しば》り付けていた宿業《しゅくごう》を、私たちを鍛《きた》える成仏《じょうぶつ》の因《いん》へと変えていくことができます。この大いなる「転換《てんかん》への道」を、具体的な譬《たと》えとともに教えられたのが、次に拝《はい》する「兄《きょう》弟抄《だいしょう》」〈注2〉の一節です。

御文

兄弟抄《きょうだいしょう》、御書一〇八三ジペー十一行目～十三行目

各各《おのおの》・随分《ずいぶん》に法華経を信《しん》ぜられつる・ゆへに過去《かこ》の重罪《じゅうざい》をせめいだし給《たま》いて候《そうろう》、たとへばくろがね《鉄》をよくよくきたへ《鍛》ばきず《疵》のあらわるるがごとし、石《いし》はやけばはい《灰》となる金《こがね》は・やけば真金《しんきん》となる、此《こ》の度《たび》こそ・まことの御信用《ごしんよう》は・あらわれて法華経の十羅刹《じゅうらせつ》も守護《しゅご》せさせ給《たも》うべきにて候《そうろう》らめ

現代語訳

あなたがた兄弟は、懸命に法華経を信じてきたので、過去世《かこせ》の重罪《じゅうざい》

を責《せ》め出《いだ》しているのである。たとえば、鉄《てつ》を十分に鍛《きた》え打てば内部の疵《きず》が表面に現れるのと同様である。石は焼けば灰となる。金《こがね》は焼けば真金《しんきん》となる。このたびの難《なん》においてこそ、あなたがたの本当の信心が表れて、法華経の会座《えざ》に連《つら》なった十羅刹女《じゅうらせつにょ》も必ず守護《しゅご》するに違いない。

「賢者《けんじゃ》はよろこび愚者《ぐしゃ》は退《しりぞ》く」

学会は、御書に仰《おお》せの通りに広宣流布を進め、常に「三障四魔《さんしょうしま》」〈注3〉や「三類《さんるい》の強敵《ごうてき》」〈注4〉と戦ってきました。

正しい実践があるからこそ、難《なん》が起こるのです。重要なのは、「賢者《けんじゃ》はよろこび愚者《ぐしゃ》は退《しりぞ》く」（御書一〇九一ジー）と仰《おお》せの如《ごと》く、難《なん》や障魔《しょうま》が現れた時に、勇《いさ》んで「挑む」のか、それとも怯《ひる》んで「逃げる」のか。いざという時の信心の姿勢です。

信心をしていく中では、時として「なぜ」「どうして」というような出来事《できごと》が起こることがあります。しかし、凡夫《ぼんぷ》の眼《まなこ》だけでは分からないことも、仏法の眼で見るなら、生命の次元から真実を知見《ちけん》することができます。この境地《きょうち》から見れば、さまざまな難《なん》には、必ず深い意味があるのです。

信心ゆえの大難《だいなん》には必ず意味がある

大聖人は、大難《だいなん》に直面《ちょくめん》する池上《いけがみ》兄弟に対し、信心が強盛《ごうじょう》だからこそ、過去《かこ》世《せ》で積んできた謗法《ほうぼう》の重罪《じゅうざい》の報《むく》いを今世《こんぜ》に責《せ》め出《いだ》すことができたのだと仰《おお》せです。

御文《ごもん》の譬《たと》えにある通り、鉄《てつ》は、何度も熱して鍛《きた》えていくと、脆《もろ》さの原因である内部の不純物《ふじゅんぶつ》が出てきます。まさしく鉄は、鍛えることで一段と強靱《きょうじん》になります。ここで鉄が鍛え打たれることは、私たちが苦難《くなん》にあうことにあたります。

続く御文《ごもん》で、石は焼けば灰となるのに対し、金《こがね》は焼くことによって真金《しんきん》となると示され、苦難《くなん》の時にこそ「まことの御信用《ごしんよう》」を表し、「本物の弟子」としての真価《しんか》を発揮《はっき》できると教えられています。

焦点《しょうてん》は、一人一人が「まこと」の信心に立つことです。その時、必ず諸天善《しょてんぜん》神《じん》が働きます。諸天が励《はげ》んでいけば、宿命《しゅくめい》との戦いが打開《だかい》できないわけがありません。

池上《いけがみ》兄弟が受けた難《なん》は、むしろ兄弟の信心が強盛《ごうじょう》であるがゆえに競《きそ》い起こった難であった、ということです。本物の弟子が立ち上がり、本当の信仰の実践があるところ、諸天善神《しょてんぜんじん》が動きます。その中で生《しょう》じている大難《だいなん》は、全部、わが生命を鍛《きた》え、永遠の幸福境涯《きょうがい》を築くために不可欠の軌道《きどう》となっているのです。

私たちが信心に励《はげ》み、学会活動に挑《いど》む中で直面《ちょくめん》する苦難《くなん》には、全《すべ》て意味があります。すなわち、広布のために戦い抜いた人は、わが生命を金剛《こんごう》の宝剣《ほうけん》の如《ごと》く、未来永劫《えいごう》に光り輝《かがや》かせていくことができるのです。

弟子の見事な勝利の実証《じっしょう》

戦時中、先師《せんし》・牧口先生は、七十歳という当時としてはかなりの高齢を押して、福岡に向かい、初の九州総会に出席されました。一九四一年（昭和十六年）のことです。

総会の直前、一人の会員が慌《あわ》てて牧口先生に報告しました。

「大変です。特高《とっこう》〈注5〉の刑事《けいじ》が三人も来ています！」

しかし、先生は「なに大丈夫だよ」と諭《さと》され、悠然《ゆうぜん》と総会の会場に入っていかれたのです。

当時、特高刑事《とっこうけいじ》の監視下《かんしか》で行われた座談会《ざだんかい》でも、牧口先生は常に正義の言論戦を貫《つらぬ》かれました。私の妻も、幼き日に、そのお姿を目の当たりにした一人です。

いかなる権威《けんい》や権力《けんりょく》にも屈《くっ》することなく、末法広宣流布《まっぽう》に生き抜く。この先《せん》師《し》の戦いこそ、学会精神の根幹です。

大事なのは、「不退転《ふたいてん》の信心」を貫《つらぬ》くことです。途中で退転してしまえば、真の幸福の軌道《きどう》から外《はず》れてしまうからです。

池上《いけがみ》兄弟は師の厳愛《げんあい》の指導を胸に刻《きざ》み、二度の勘当《かんどう》という試練《しれん》を乗り越えました。そして、最後には父親を入信に導《みちび》くなど、見事な勝利の実証《じっしょう》を示しています。

こうした弟子の誉《ほま》れの姿を、大聖人は何よりも喜ばれたのです。

「難《なん》があるから仏《ほとけ》になれる」

大聖人は、「末法《まっぽう》には法華経の行者必《ぎょうじゃかなら》ず出来《しゅったい》すべし、但《ただ》し大難来《だいなんきた》りなば強盛《ごうじょう》の信心弥弥悦《しんじんいよいよよろこ》びをなすべし、火《ひ》に薪《たきぎ》をくわ《加》へんにさかん《盛》なる事《こと》なかるべしや」（御書一四四八ページ）とも仰《おお》せです。

この仰《おお》せ通《どお》りに、「負けじ魂《だましい》」を燃えあがらせて、学会は進んできました。

「難《なん》こそ誉《ほま》れ」と、勇《いさ》んで戦う精神こそ、大聖人仏法の魂《たましい》です。

また、「御義口伝《おんぎくでん》」に「難来《なんきた》るを以《もっ》て安楽《あんらく》と意得可《こころうべ》きなり」（御書七五〇ジペー）とあります。「難こそ安楽」です。

牧口先生は「難《なん》があればあるほど、仏《ほとけ》になれるのだ」と教えられました。戸田先生も「要するに、問題があるから、力《ちから》がつく。悪い人間がいるから、境涯《きょうがい》が大きくなる。そう達観《たっかん》して、大きく強く生き抜いていくことだ」と示されました。

どの人にも、また、どんな社会であれ、問題や課題はあります。何もないということは、ありえません。しかし、だからこそ、本物の力《ちから》がつく。「弥弥悦《いよいよよろこ》び」、信心根本に私たちは戦い、そして、勝っていくのです。

御文

開目抄《かいもくしょう》、御書二三七ジペー十一行目〜十二行目

日蓮が流罪《るざい》は今生《こんじょう》の小苦《しょうく》なれば・なげかしからず、後生《ごしょう》には大楽《だいらく》を・うくべければ大《おおい》に悦《よろこ》ばし

現代語訳

日蓮が佐渡《さど》に流罪《るざい》されていることは、今生《こんじょう》の小苦《しょうく》であるから、一向《いっこう》に嘆《なげ》くことはない。後生《ごしょう》には大楽《だいらく》を受けるのであるから、大《おお》いに悦《よろこ》ばしいのである。

三世《さんぜ》に崩《くず》れない絶対的幸福境涯《きょうがい》を

この御文《ごもん》は、「開目抄《かいもくしょう》」〈注6〉の結びの言葉です。「開目抄」全編《ぜんぺん》は、「大《おお》に悦《よろこ》ばし」の表現で終わるのです。まさしく、大聖人は大難《だいなん》の渦中《かちゅう》にある門下《もんか》たちに、御自身の大歓喜《だいかんき》の御境涯《ごきょうがい》を明かされます。

すなわち、佐渡流罪《さどるざい》の只中《ただなか》で、これは時に適《かな》って折伏《しゃくぶく》を行《ぎょう》じたがゆえの難《なん》であり、その功徳《くどく》として成仏《じょうぶつ》という大楽《だいらく》を受けることを考えれば、小さな苦しみに過ぎない、と悠然《ゆうぜん》と述《の》べられました。

佐渡流罪《さどるざい》は「今生《こんじょう》の小苦《しょうく》」である、とまで言い切られている。これは、大難《だいなん》にあっている時こそ、「戦う心」を貫《つらぬ》けば、三世《さんぜ》永遠に崩《くず》れない絶対的幸福境涯《きょうがい》〈注7〉を確立できることを示されているのです。

大聖人は、末法《まっぽう》の御本仏《ごほんぶつ》としての悠然《ゆうぜん》たる御境涯《ごきょうがい》を明かされることで、〝この日蓮に続け！　今こそ三世《さんぜ》永遠にわたる大功徳《だいくどく》をつかむ時なのだ！〟と、渾身《こんしん》の励《はげ》ましを送られているのです。

「一念《いちねん》」の大転換《だいてんかん》を教える願兼於業《がんけんおごう》

法華経には、「願兼於業《がんけんおごう》（願《がん》、業《ごう》を兼《か》ぬ）」〈注8〉の法理《ほうり》が説《と》かれています。法華経の本義《ほんぎ》に立てば、悪世《あくせ》に出現する菩薩《ぼさつ》たちの行動そのものです。自《みずか》ら願って濁悪《じょくあく》の末世《まっせ》に勇《いさ》んで飛び込んでくるのです。

あえて願って苦しみを担《にな》い立ち、その苦しみと戦い、打ち勝つ姿を見せて、人々に仏法の力《ちから》を教えるのです。この「願兼於業《がんけんおごう》」の法理《ほうり》を胸に、試練《しれん》や苦難《くなん》に打ち勝ち、希望の人生を開き示してきた幾多《いくた》の同志の姿こそ、学会の栄光であり、誉《ほま》れです。

自分の苦しみを「業《ごう》の報《むく》い」と捉《とら》えるだけではなく、あえて「使命のために引き受けた悩みなのだ」「これを信心で克服《こくふく》することを、自《みずか》ら誓願《せいがん》したのだ」と、捉え返していく。「願兼於業《がんけんおごう》」は、この「一念《いちねん》」の大転換《だいてんかん》を教えています。「宿命《しゅくめい》」を「使命」に変える生き方こそが、宿命転換の精髄《せいずい》なのです。

そして、困難《こんなん》に挑《いど》む学会員の確かな蘇生《そせい》の体験そのものが、「未来までの・物語《ものがたり》」（御書一〇八六ジペー）と仰《おお》せの通り、生命の可能性と尊極性《そんごくせい》を謳《うた》い上げた人間ドラマとして、人類の希望と語り継《つ》がれていくのです。

自《みずか》ら「希望」を創《つく》り出す

私がお会いした、チェコの哲人政治家ハベル大統領〈注9〉は、「希望とは、きっとうまくいくだろうという楽観ではありません。結果がどうであろうと、正しいことはあくまでも正しいのだという不動《ふどう》の信念こそ、希望なのです」と語っていました。

希望とは、未来を信じ抜く信念であり、挑戦を促《うなが》す勇気の源泉《げんせん》です。希望ある限り前進が生まれます。ゆえに、絶対に行き詰《づ》まることはありません。

創価の友の「希望」には、断《だん》じて成《な》し遂《と》げてみせるとの強い意志があります。どんな時にも希望そのものを生み出す根源の生命力が、自分の胸中《きょうちゅう》にあると確信しています。

誰もが本来は希望の当体《とうたい》なのです。希望を自《みずか》ら生み出す原動力こそ、法華経の肝心《かんじん》たる「南無妙法蓮華経」の唱題行《しょうだいぎょう》です。題目《だいもく》の力《ちから》は無限だからです。題目《だいもく》を唱《とな》えた瞬間から、自身の一念《いちねん》を変革し、希望の明日《あす》を創《つく》り開いていけるのです。

「希望の人」が、周囲に希望を生む

大聖人は、健気《けなげ》な女性門下《もんか》へのお手紙で、一切衆生《しゅじょう》を即身成仏《そくしんじょうぶつ》へと導《みちび》く妙法の偉大《いだい》な功力《くりき》について明確に示されています。

「（どんな十界《じっかい》の衆生《しゅじょう》も即身成仏《そくしんじょうぶつ》できることは）水の底に沈《しず》んでいる石でも、打てば火を発《はっ》するように、百千万年の間、闇《やみ》に閉ざされていた所でも、灯《ともしび》を入れれば明るくなるようなものである」（御書一四〇三ページ、通解）と。

朗々《ろうろう》と題目《だいもく》を唱《とな》えて進む私たちには、断《だん》じて絶望はない。人間不信の虚無《きょむ》主義（ニヒリズム）も、諦《あきら》めと傲慢《ごうまん》の冷笑《れいしょう》主義（シニシズム）もありません。

百千万年もの間、暗闇《くらやみ》に閉ざされていた洞窟《どうくつ》のように、無明《むみょう》の闇《やみ》に覆《おお》われ、不幸の流転《るてん》をさすらってきた人類を、妙法という太陽で、照らしてくださっているのが、大聖人です。

その心を現代に受け継《つ》いだ学会の師弟《してい》によって、今や世界百九十二カ国・地域に、「太陽の仏法」は広がりました。そして、世界中に妙法という希望の種が蒔《ま》かれ、大輪《たいりん》の花を咲《さ》かせています。

今、世界の各地でわが宝友《ほうゆう》は、周囲の人々に希望の光を送っています。SGIの存在そのものが、社会の希望として大きな評価を得ています。

韓国SGIの取り組みを長年にわたって見守り、深い共感を寄せてくださっている韓国・国立済州《チェジュ》大学の趙文富《チョムンブ》元総長〈注10〉は、語られました。

「素晴らしい宗教的原理があっても、それをいかに現実生活の中に表すかが問題だと思っていましたが、ＳＧＩこそ、それを実現し得《う》る団体であると確信しました」と。

私たちの「人間革命の宗教」には、絶望を希望へと変革する力《ちから》があります。自身の境涯《きょうがい》を変え、周囲を変え、国土《こくど》を変え、最後は人類の宿命《しゅくめい》をも転換《てんかん》していく確固《かっこ》たる哲理があります。

「宿命転換《しゅくめいてんかん》」即《そく》「人間革命」であり、「人間革命」即「宿命転換」なのです。

私たちが日々、世界の一隅《いちぐう》で演じている、希望に満《み》つ人間革命の勝利劇を、各界の人々が喝采《かっさい》しています。「心大歓喜《しんだいかんぎ》」〈注11〉です。

いずこであれ、そこに一人の学会員がいれば、必ず、その現実の社会にあって民衆凱歌《がいか》の時代を勝ち開いていけるのです。

希望の未来を拓《ひら》く勇気の対話を

恩師《おんし》・戸田先生の叫《さけ》びを、心に深く刻《きざ》みたい。

「信心に対する半信半疑《はんしんはんぎ》を捨てよ！　正しき宗教の力《ちから》でこそ、国も救《すく》い、民衆も救える。この大信念をもって、広宣流布の戦いに入ろうではないか！」

私たちの行動は、人類の苦悩と悲嘆《ひたん》を、希望と歓喜《かんき》に転《てん》じゆく、立正安国《りっしょうあんこく》の闘争《とうそう》です。

さあ、異体同心《いたいどうしん》の団結も固く、希望の未来を拓《ひら》く勇気の対話を、いよいよ勇《いさ》んで、心豊かに広げていきたい。人類を照らす「太陽の仏法」が今、深く求められているのです。

[注　解]

〈注1〉【転重軽受法門《てんじゅうきょうじゅほうもん》】文永《ぶんえい》八年(一二七一年)十月、大田左衛門尉《おおたさえもんのじょう》・曾谷入道《そやにゅうどう》・金原法橋《かなばらほっきょう》の三人に与えられた一書《いっしょ》。竜《たつ》の口《くち》の法難《ほうなん》直後、依智《えち》におられた日蓮大聖人をお見舞《みま》いしたことへの御返事《ごへんじ》で、転重軽受を教えられ、いかなる難《なん》にも信心強く仏道修行《ぶつどうしゅぎょう》を貫《つらぬ》くよう示されている。

〈注2〉【兄弟抄】池上兄弟および夫人たちに団結して困難《こんなん》を乗り越えゆくように激励された長文のお手紙。なぜ難にあうのかを、過去の謗法《ほうぼう》の重罪《じゅうざい》、諸天善神《しょてんぜんじん》からの試練等《しれんとう》の観点《かんてん》から明かされている。当時、池上宗仲《むねなか》・宗長《むねなが》兄弟の父は、真言律宗《しんごんりっしゅう》の僧《そう》・極楽寺良観《ごくらくじりょうかん》の熱心な信者であり、兄弟の信仰に反対し、兄・宗仲を勘当《かんどう》した。当時の勘当は、家督相続権《かとくそうぞくけん》を失い、社会的に抹殺《まっさつ》されることにも等《ひと》しいものであった。

〈注3〉【三障四魔《さんしょうしま》】仏道修行《ぶつどうしゅぎょう》を妨《さまた》げる三つの障《さわ》りと四つの魔《ま》のこと。三障とは煩悩障《ぼんのうしょう》・業障《ごうしょう》・報障《ほうしょう》をいい、四魔とは陰魔《おんま》・煩悩魔《ぼんのうま》・死魔《しま》・天子魔《てんしま》をいう。

〈注4〉【三類《さんるい》の強敵《ごうてき》】釈尊滅後《しゃくそんめつご》の悪世《あくせ》で法華経を弘通《ぐつう》する人を迫害《はくがい》する三種類の強敵。①俗衆増上慢《ぞくしゅぞうじょうまん》(在家《ざいけ》の迫害者)②道門《どうもん》増上慢(出家《しゅっけ》の迫害者)③僭聖《せんしょう》増上慢(迫害の元凶《げんきょう》となる高僧《こうそう》)。

〈注5〉【特高《とっこう》】特別高等警察の略《りゃく》。第二次世界大戦終結後《しゅうけつご》にGHQによって廃止《はいし》されるまで、国《こく》体護持《たいごじ》のために無政府主義者や共産主義者らを取り締《し》まった政治警察。

〈注6〉【開目抄《かいもくしょう》】本書83ジペー〈注1〉参照。

〈注7〉【絶対的幸福境涯《きょうがい》】どこにいても、何があっても、生きていること自体が幸福である、楽しいという境涯。戸田城聖先生が成仏《じょうぶつ》の境涯を現代的に表現した言葉。外《そと》の条件に左右されることのない幸福境涯。

〈注8〉【願兼於業《がんけんおごう》】本来、修行《しゅぎょう》の功徳《くどく》によって安楽《あんらく》な境涯《きょうがい》に生《う》まれるべきところを、苦悩に沈《しず》む民衆を救済《きゅうさい》するために、自《みずか》ら願って、悪世《あくせ》に生まれること。

〈注9〉【ハベル大統領】一九三六年～二〇一一年。チェコの政治家。反体制の主張を貫《つらぬ》き、一九八九年、ビロード革命を行い、チェコスロバキア大統領に就任《しゅうにん》。九三年、チェコとスロバキアの分離《ぶんり》に伴《ともな》い、初代チェコ大統領に就任（～二〇〇三年）。

〈注10〉【趙文富《チョムンブ》元総長】一九三二年～。ソウル大学校法科大学行政科卒業後、国立済州《チェジュ》大学教授を経《へ》て、一九九七年～二〇〇一年まで同総長。政治学博士。池田先生との対談集に『希望の世紀へ　宝の架け橋』『人間と文化の虹の架け橋』（『池田大作全集 112』収録）がある。

〈注11〉【心大歓喜《しんだいかんぎ》】心の底からの大歓喜。法華経には、即身成仏《そくしんじょうぶつ》した竜女《りゅうにょ》が多くの人々を救《すく》う場面を見て、菩薩《ぼさつ》や声聞《しょうもん》たちの「心は大《おお》いに歓喜して」（法華経四一〇ジペー）、竜女を敬《うやま》ったと説《と》かれている。

生《しょう》　死《じ》――常楽我浄《じょうらくがじょう》の境涯《きょうがい》築く師弟《してい》の旅路《たびじ》

「生死《しょうじ》」――それは人類の永遠の課題です。

仏法の結論を申《もう》し上げれば、生命は三世《さんぜ》永遠であり、「本有《ほんぬ》の生死《しょうじ》」〈注1〉です。

妙法に照らされた「生と死」は、「生も歓喜《かんき》」「死も歓喜」であり、いずれも、永遠なる生命の大《おお》いなる営《いとな》みなのです。

そう知見《ちけん》するのが、日蓮大聖人の仏法の真髄《しんずい》であり、〝創価の師弟《してい》〟が不惜《ふしゃく》の広宣流布の活動の中で、厳然《げんぜん》とつかみ取ってきた生死観《しょうじかん》です。

恩師《おんし》・戸田先生との出会い

私は少年時代から、病弱であったこともあり、人が死んだらどうなるのかと強く意識していました。十代半《なか》ばには、当時、多くの青年の命を奪《うば》った結核《けっかく》も病《や》みました。残酷《ざんこく》な戦争の真《ま》っただ中で、空襲《くうしゅう》も激しくなりました。まさに、「世間《せけん》に人《ひと》の恐《おそ》るる者《もの》は火炎《ほのお》の中《なか》と刀剣《つるぎ》の影《かげ》と此身《このみ》の死《し》するとなるべし」（御書九五六ジペー）と仰《おお》せ通《どお》りの世相《せそう》でした。

敗戦後の急激な変化のなかで私は、「正しい人生とは何か」を求めました。その探求《たんきゅう》の中で、恩師《おんし》・戸田城聖《じょうせい》先生にお会いしたのです。一九四七年（昭和二十二年）の夏のことです。

私は、真《ま》っすぐに先生に質問しました。

「正しい人生とは、いったい、どういう人生をいうのでしょうか」

戸田先生は、私の目を見つめ、明快に答えてくださいました。

「人間の長い一生には、いろいろな難問題が起きてくる。人間、生きるためには、生死《しょうじ》の問題を、どう解決したらいいか——これだ。これが正しく解決されなければ、真の正しい人生はない」

そして、「仏法を実践してごらんなさい。青年じゃありませんか」と励《はげ》まされたのです。

障魔《しょうま》に打ち勝って得た生命哲学

以来、師匠《ししょう》のもとで、「生死《しょうじ》の問題」を打開《だかい》する「正しい人生」の道を歩《あゆ》ませていただきました。しかし、医師から「三十歳まで生きられない」とまで言われた身体でした。微熱が続き、背中に焼けた鉄板が一枚、胸に焼けた木が一《ひと》枝《えだ》、入ったような苦しみを味わいました。体は痩《や》せ、死を予感することも、しばしばでした。

だからこそ、いつ倒れても悔《く》いがないように、戸田先生の広布の大願《だいがん》を実現するために、先頭を切って突破口《とっぱこう》を開いていったのです。

たとえ早死《はやじ》にしようが、「あれが戸田先生の真実の弟子の姿か！」と言われる模範《もはん》の生き方だけは残しておきたい。後に続く多くの青年のためにと、ひそかに誓っていました。

その心を、先生は見抜かれて言われました。

「お前は死のうとしている。俺に、命をくれようとしている。それは困る。お前は生き抜け。断《だん》じて生き抜け！　俺の命と交換するんだ」と。

ある日の日記には、自分自身を叱咤《しった》する如《ごと》く、こう記《しる》したこともあります。

「生《せい》ト死《し》。成住壊空《じょうじゅうえくう》。生老病死《しょうろうびょうし》。常楽我浄《じょうらくがじょう》。久遠《くおん》ノ生命。永遠ノ生命。瞬間即《そく》永遠。生死不二《しょうじふに》。色心不二《しきしん》。三世常恒《さんぜじょうごう》。

実感シ、会得《えとく》セズシテ、去《さ》ルハ、正信《しょうしん》ノ徒《と》トシテ情《なさ》ケナシ。頑張レ。頑張レ」

今、更賜寿命《きょうしじゅみょう》を頂戴《ちょうだい》した私の体験から断言《だんげん》できることは、広宣流布の大誓願《だいせいがん》に生き抜く師弟《してい》こそが、「生死《しょうじ》の問題」を解決する究極《きゅうきょく》の希望だということです。これが、戸田先生にお仕《つか》えし、広布の師弟に徹するなかで会得《えとく》した、私の信仰人生の確信であり、結論です。

ここでは、報恩《ほうおん》の思いで、戸田先生から教わった「生死不二《しょうじふに》」の哲理を共に学んでいきたい。まず「大白牛車書《だいびゃくごしゃしょ》」〈注2〉から拝《はい》します。

御文

大白牛車書《だいびゃくごしゃしょ》、御書一五四三㌻七行目～九行目

抑此《そもそもこ》の車《くるま》と申《もう》すは本迹二門《ほんじゃくにもん》の輪《わ》を妙法蓮華経の牛《うし》にかけ、三界《さんがい》の火宅《かたく》を生死《しょうじ》生死とぐるり・ぐるりとまは《廻》り候《そうろう》ところの車なり、ただ信心《しんじん》のくさび《轄》に志《こころざし》のあぶら《膏》をささせ給《たま》いて霊山《りょうぜん》浄土《じょうど》へまいり給《たも》うべし、又心王《またしんのう》は牛《うし》の如《ごと》し・生死は両《りょう》の輪の如し、伝教大師《でんぎょうだいし》云《いわ》く「生死の二法《にほう》は一心《いっしん》の妙用《みょうゆう》・有無《うむ》の二道《にどう》は本覚《ほんがく》の真徳《しんとく》なり」云云《うんぬん》

現代語訳

そもそも、この車（＝大白牛車《だいびゃくごしゃ》）というのは、本門《ほんもん》と迹門《しゃくもん》の二門《にもん》の

> 車輪《しゃりん》を妙法蓮華経という牛にかけ、三界《さんがい》の火宅《かたく》を、生死《しょうじ》、生死と、ぐるりぐるりと回るところの車である。だから、信心というくさびをさし、志《こころざし》という油をさされて、霊山浄土《りょうぜんじょうど》へ参《まい》られるがよい。
> また、心王《しんのう》は（大白牛車《だいびゃくごしゃ》の）牛であり、生死《しょうじ》は両方の車輪のようなものである。伝教大師《でんぎょうだいし》は「生死の二法は一心《いっしん》の妙用《みょうゆう》（妙《たえ》なる働き）であり、有無《うむ》の二道《にどう》は本覚《ほんがく》の真徳《しんとく》である」などといっている。

三世《さんぜ》永遠に自由自在の境地《きょうち》

妙法を持《たも》つ境涯《きょうがい》は、三世《さんぜ》を遊戯《ゆうげ》し、広大無辺《こうだいむへん》の境地《きょうち》にあることを教えられた一節です。

冒頭《ぼうとう》の「此《こ》の車《くるま》」とは、法華経に説《と》かれる「大白牛車《だいびゃくごしゃ》」〈注3〉のことで、万人成仏《ばんにんじょうぶつ》の法《ほう》である「一仏乗《いちぶつじょう》」の教えを譬《たと》えたものです。

この車は、「三界《さんがい》の火宅《かたく》〈注4〉を、生死、生死と、ぐるりぐるりと回る」――ここに仰《おお》せの生死とは、「妙法蓮華経の生死」であり、「本有《ほんぬ》の生死」「仏界《ぶっかい》の生死」〈注5〉です。生から死へ、生命の車輪が転《てん》じても終わりではない。すぐに新たな生へ車は回る。生命は生と死を繰《く》り返しながら進んでいくのです。

しかも、この車が回るのは「三界《さんがい》の火宅《かたく》」です。別世界に行くのではなく、煩悩《ぼんのう》の苦しみの炎に焼かれる娑婆《しゃば》世界を決して離れない。現実世界こそ凡夫《ぼんぷ》が成仏《じょうぶつ》する道場《どうじょう》であり、その場が霊山浄土《りょうぜんじょうど》となるのです。

「御義口伝《おんぎくでん》」にも、「自身法性《ほっしょう》の大地を生死《しょうじ》生死と転《めぐ》り行《ゆ》くなり」（御書七二四ジペー）と仰《おお》せです。これは、輪廻《りんね》思想のように、絶望の淵《ふち》に沈《しず》む、〝闇《くら》き〟から闇き〟への流転《るてん》の生死ではない。何ものにも壊《こわ》されない、絶対の安心を満喫《まんきつ》しながら、三世《さんぜ》永遠にわたって、自由自在の境涯《きょうがい》を開いていけるのです。

「臨終只今《りんじゅうただいま》」の覚悟《かくご》を定《さだ》める

「生死《しょうじ》の二法《にほう》は一心《いっしん》の妙用《みょうゆう》・有無《うむ》の二道《にどう》は本覚《ほんがく》の真徳《しんとく》」です。生と死という二つの姿は、一心（生命それ自体）の妙《たえ》なる働きです。有と無も、いずれも真実の徳性《とくせい》です。あたかも人が朝から晩まで活動して、夜にぐっすりと眠る。そして次の朝、また生き生きと一日のスタートをしていくようなものです。

生も死も、厭《いと》うものでも、避《さ》けられるものでもない。「本有《ほんぬ》の生死《しょうじ》」「本有の退出《たいしゅつ》」であり、ありのままの「本有常住《じょうじゅう》の振舞《ふるまい》」（御書七五四ジペー）なのです。

この生死観《しょうじかん》は、古来、多くの人間が執着《しゅうちゃく》してきた、二つの考え方を打ち破るものです。

その一つが「断見《だんけん》」です。生は今世《こんぜ》限りであって、死によって無に帰《き》すという考えです。

もう一つが「常見《じょうけん》」です。死んでも不滅《ふめつ》の霊魂《れいこん》が続くという考えです。

いずれも、生死《しょうじ》の本質に迷う、無明《むみょう》に覆《おお》われた偏見《へんけん》です。とはいえ、「断《だん》見《けん》」「常見《じょうけん》」への執着《しゅうちゃく》を乗り越えるのは容易《ようい》ではない。

実際、病魔《びょうま》、死魔《しま》の蠢動《しゅんどう》に心を揺《ゆ》さぶられるのが、凡夫《ぼんぷ》の常《つね》です。御文《ごもん》には「ただ信心《しんじん》のくさび《轄》に志《こころざし》のあぶら《膏》をささせ給《たま》いて」と仰《おお》せです。「信心のくさび」があってこそ、「妙法蓮華経の生死《しょうじ》」となっていくのです。

だからこそ、弱い心に打ち勝ち、宿命《しゅくめい》の打開《だかい》を、自己の人間革命を、懸命に祈り、必死に戦い仏道修行《ぶつどうしゅぎょう》に励《はげ》んでいくことです。

私にとって、この課題を乗り越える原動力が師弟不二《していふに》の実践でした。広布の師弟に生き抜けば、魔《ま》を打ち破る勇気が溢《あふ》れてくるからです。「臨終只今《りんじゅうただいま》」〈注6〉の覚悟《かくご》が定《さだ》まるからです。師と共に、師のためにと、一心不乱《いっしんふらん》に広宣流布の戦いに挑《いど》み、勇敢《ゆうかん》に行動し、勝ち抜いていくなかで、揺《ゆ》るぎない信心の基盤《きばん》を築くことができた。そして、生死《しょうじ》を超える「一心の妙用《みょうゆう》」をより深く確信したのです。

御文

松野殿御返事《まつのどのごへんじ》、御書一三八六ページ十七行目～一三八七ページ三行目

退転《たいてん》なく修行《しゅぎょう》して最後臨終《さいごりんじゅう》の時《とき》を待《ま》って御覧《ごらん》ぜよ、妙覚《みょうかく》の山《やま》に走《はし》り登《のぼ》って四方《しほう》をきっと見《み》るならば・あら面白《おもしろ》や法界寂《ほうかいじゃっ》光土《こうど》にして瑠璃《るり》を以《も》って地《ち》とし・金《こがね》の縄《なわ》を以《も》って八《やつ》の道《みち》を界《さか》へり、天《そら》より四種《ししゅ》の花《はな》ふり虚空《こくう》に音楽聞《おんがくきこ》えて、諸仏菩薩《しょぶつぼさつ》は常《じょう》楽我浄《らくがじょう》の風《かぜ》にそよめき娯楽快楽《ごらくけらく》し給《たも》うぞや、我《わ》れ等《ら》も其《そ》の数《かず》に列《つら》なりて遊戯《ゆげ》し楽《たの》むべき事《こと》はや近《ちか》づけり、信心弱《しんじんよわ》くしてはかかる目出《めで》たき所《ところ》に行《い》くべからず行くべからず

現代語訳

退転《たいてん》することなく修行《しゅぎょう》して、最後臨終《りんじゅう》の時を待ってごらんなさい。妙覚《みょうかく》の山に走り登って、四方《しほう》をきっと見るならば、なんと素晴らしいことであろうか、法界《ほうかい》はみな寂光土《じゃっこうど》で、瑠璃《るり》をもって地面とし、金《こがね》の縄《なわ》をもって八つの道の境界《きょうかい》をつくっている。天からは四種の花が降り、大空には音楽が聞こえ、諸仏《しょぶつ》・菩薩《ぼさつ》は常楽我浄《じょうらくがじょう》の風がそよめいて、心から楽しまれている。

我《われ》らもその数のなかに列《つら》なって、遊戯《ゆうげ》し楽しむことになるのは、もはや間近である。信心が弱くては、こうした、めでたい所へは決して行くことができないのである。

「生《せい》も歓喜《かんき》、死《し》も歓喜」の大境涯《だいきょうがい》を

退転《たいてん》なく仏道修行《ぶつどうしゅぎょう》を貫《つらぬ》いた人は、いかなる臨終《りんじゅう》を迎えるのか。「松野殿御返《まつのどのごへん》事《じ》」〈注7〉では、厳《げん》たる生命の法理《ほうり》の上に広がる、崩《くず》れざる幸福と安穏《あんのん》の世界を明かされています。

「妙覚《みょうかく》の山」（最高の覚《さと》りの山）に「走り登る」と仰《おお》せの通り、妙法を唱《とな》え、広布に生き抜いた人は、三世《さんぜ》永遠に安心安穏《あんのん》の大境涯《だいきょうがい》に直《ただ》ちに到達《とうたつ》できるのです。

しかも、四方《しほう》を見れば「あら面白《おもしろ》や」です。この宇宙はそのまま寂光土《じゃっこうど》であり、〝大地には宝石が敷《し》き詰《つ》められ〟〝天の花が舞《ま》い〟〝妙《たえ》なる音楽が響《ひび》き〟〝諸《もろもろ》の仏《ぶつ》・菩薩《ぼさつ》と共に遊ぶ遊楽《ゆうらく》の世界〟なのです。この楽しさを満喫《まんきつ》する時は目前であると仰《おお》せです。

これが「仏界《ぶっかい》の生死《しょうじ》」の「死」の側面です。またこの境地《きょうち》を「霊山浄土《りょうぜんじょうど》」ともいうのです。

今世《こんぜ》で、わが生命を仏界《ぶっかい》で固めれば、もはや死は恐怖《きょうふ》ではありません。後生《ごしょう》も楽しく自在です。

信心の翼《つばさ》で、「目出《めで》たき所」――本有《ほんぬ》の寂光土《じゃっこうど》という「永遠の幸福の世界」へ、悠々《ゆうゆう》とわが身を運びゆくことができるのです。

御書には、「ただいまに霊山《りょうぜん》にまいらせ給《たま》いなば・日《ひ》いでて十方《じっぽう》をみるが・ごとくうれしく、とくし《死》にぬるものかなと・うちよろこび給《たま》い候《そうら》はんずらん」（御書一四八〇ページ）ともあります。

さらに「い《生》きてをはしき時《とき》は生《せい》の仏《ほとけ》・今《いま》は死《し》の仏《ほとけ》・生死《しょうじ》ともに仏《ほとけ》なり」（御書一五〇四ページ）とも仰《おお》せです。妙法に生き抜けば、まさしく「生も歓喜《かんき》」「死も歓喜」なのです。

御文《ごもん》に「常楽我浄《じょうらくがじょう》〈注8〉の風」とあります。諸行無常《しょぎょうむじょう》の冷たく、わびしい風ではなく、何ものにも崩《くず》されない幸福の薫風《くんぷう》です。

仏教では、一度《ひとたび》は、「苦《く》・空《くう》・無常《むじょう》・無我《むが》」〈注9〉を教え、はかないこの世への執着《しゅうちゃく》を断《た》って、生死《しょうじ》の苦悩を離《はな》れることを促《うなが》しました。しかし、それは方《ほう》便《べん》です。大乗仏教《だいじょう》では、「常楽我浄《じょうらくがじょう》」の真髄《しんずい》が説《と》かれました。

三世《さんぜ》の歓喜《かんき》の生命は、次の生も、はつらつと新たな舞台で戦います。「須臾《しゅゆ》の間」、すなわち、たちまちのうちに還《かえ》ってきます。「広く衆生《しゅじょう》を利益《りやく》することは自由自在」（御書五七四ページ、趣意）であり、「生《しょう》ぜんと欲《ほっ》する所に自在」（法華経三六〇ページ）な境地《きょうち》です。

これが常楽我浄《じょうらくがじょう》の四徳《しとく》が薫《かお》る、本有常住《ほんぬじょうじゅう》の大境涯《だいきょうがい》なのです。

仏法の根本は「師弟《してい》の宿縁《しゅくえん》」

慈折《じしゃく》広布と立正安国《りっしょうあんこく》へ、必死に戦い続けるある日、戸田先生が「俺も、お前も、男らしい戦いをやり抜いて来たなあ」と一言《ひとこと》語ってくださいました。永遠に忘れ得ぬ劇です。師弟《してい》の「奇《く》しき縁《えにし》」に、一切を捧《ささ》げきった青春でした。最高に誉《ほま》れの人生です。

続いて、この「師弟《してい》」の宿縁《しゅくえん》から、生死《しょうじ》の問題を照らしたいと思います。

御文

曾谷殿御返事《そやどのごへんじ》、御書一〇五六㌻十行目〜十三行目

経《きょう》に云《いわ》く「在在《いたるところの》諸《もろもろ》の仏土《ぶつど》に常《つね》に師《し》と倶《とも》に生《しょう》ぜん」又云《またいわ》く「若《も》し法師《ほっし》に親近《しんごん》せば速《すみや》かに菩薩《ぼさつ》の道《どう》を得《え》ん是《こ》の師《し》に随順《ずいじゅん》して学《がく》せば恒沙《ごうしゃ》の仏《ほとけ》を見《み》たてまつることを得《え》ん」釈《しゃく》に云《いわ》く「本此《もとこ》の仏《ほとけ》に従《したが》って初《はじ》めて道心《どうしん》を発《おこ》し亦此《またこ》の仏《ほとけ》に従《したが》って不退地《ふたいち》に住《じゅう》す」又云《またいわ》く「初《はじ》め此《こ》の仏菩薩《ぶつぼさつ》に従《したが》って結縁《けちえん》し還此《またこ》の仏菩薩《ぶつぼさつ》に於《おい》て成就《じょうじゅ》す」云云《うんぬん》、返《かえ》す返《がえ》すも本従《ほんじゅう》たがへずして成仏《じょうぶつ》せしめ給《たも》うべし

現代語訳

法華経化城喩品《けじょうゆほん》には「いたるところの諸仏《しょぶつ》の国土《こくど》に、常《つね》に師《し》とともに生まれる」と説《と》かれる。また法師品《ほっしほん》には「もし法師に親近《しんごん》するならば、速《すみ》やかに菩提《ぼだい》の道を得ることができる。この師に随順《ずいじゅん》して学ぶならば、恒河《ごうが》の砂ほどの仏《ほとけ》を見ることができる」とある。

釈《しゃく》（法華玄義《ほっけげんぎ》）には「もと、この仏《ほとけ》に従って初めて仏道《ぶつどう》を求める心を起こし、またこの仏に従って不退《ふたい》の境地《きょうち》に住《じゅう》するであろう」とある。また「初めこの仏菩薩《ぶつぼさつ》に従って結縁《けつえん》し、最後は、この仏菩薩のもとで仏道を成就《じょうじゅ》する」（法華文句記《もんぐき》）とある。

くれぐれも、元々《もともと》従ってきた師《し》を間違えないで、成仏《じょうぶつ》していきなさい。

三世《さんぜ》にわたる使命の絆《きずな》

大聖人は、折々《おりおり》に、門下《もんか》へ、師弟《してい》の絆《きずな》は三世《さんぜ》永遠であることを示されます。曾谷殿《そやどの》や秋元殿《あきもとどの》、あるいは最蓮房《さいれんぼう》に、法華経の化城喩品《けじょうゆほん》の一節を引き、三世の因縁《いんねん》を説《と》かれています。

弟子たちは、今世《こんぜ》で法華経の説法《せっぽう》を初めて聞いて大聖人の弟子になったと思っていた。師弟《してい》の縁《えにし》は、この世の出会いから始まったと、ごく常識的に考えていたのでしょう。今世で弟子となれて、これほどの喜びはないと感謝申し上げていた。

ところが大聖人は、この師弟《してい》の因縁《いんねん》は今世《こんぜ》だけではない、「三世《さんぜ》の契《ちぎ》り」(御書一〇七〇ジペー)、「師弟《してい》の契約《けいやく》」(御書一三四〇ジペー)なのだと断言《だんげん》されるのです。どちらも、牧口常三郎《つねさぶろう》先生が心肝《しんかん》に染《そ》め抜かれていた御聖訓《ごせいくん》です。

たまたま出会った偶然《ぐうぜん》などでは、決してない。過去・現在・未来にわたる「宿縁《しゅくえん》」「過去の宿習《しゅくじゅう》」であると仰《おお》せなのです。

久遠《くおん》からの誓願《せいがん》を共有

「曾谷殿御返事《そやどのごへんじ》」〈注10〉では、この根拠が示されています。それは、仏《ほとけ》との化導《けどう》の関係から見れば、師弟《してい》は永遠の絆《きずな》であり、今世《こんぜ》だけということはないのです。

その文証《もんしょう》として、まず法華経の二つの経文《きょうもん》を引用されています。それが、「若《も》し法《ほっ》在在《いたるところ》の諸仏《しょぶつ》の土《ど》に　常《つね》に師《し》と倶《とも》に生《しょう》ず」（法華経三一七ページ〈注11〉）と、「若し法師《し》に親近《しんごん》せば　速《すみや》かに菩薩《ぼさつ》の道《どう》を得《え》　是《こ》の師に随順《ずいじゅん》して学《がく》せば　恒沙《ごうしゃ》の仏《ほとけ》を見たてまつることを得《え》ん」（法華経三七一ページ〈注12〉）です。

いずれの経文《きょうもん》も、師弟《してい》の縁《えにし》が三世《さんぜ》にわたり、永遠であることを前提としています。

続いて引かれている天台《てんだい》と妙楽《みょうらく》の釈《しゃく》も、仏道《ぶつどう》の成就《じょうじゅ》は、師弟《してい》の絆《きずな》と深い関係性があることを示したものです。

三世《さんぜ》にわたる「師弟《してい》の契《ちぎ》り」「師弟の因縁《いんねん》」によって、師と弟子が妙法流布《るふ》に永遠に共に戦っていくドラマは、法華経の根幹のテーマといえましょう。すなわちそれは、妙法弘通《ぐつう》という久遠《くおん》からの「誓願《せいがん》」を共有した師弟《してい》の関係です。それがゆえに、現実社会に勇《いさ》んで飛び込んで、今、目の前の一人のために師弟が共に法を弘《ひろ》め、励《はげ》ましを送り続ける。そして、万人《ばんにん》尊敬の民衆の連帯を築き上げるのです。

それは、躍動《やくどう》する魂《たましい》と魂が織《お》り成《な》す絆《きずな》です。師弟《してい》とは、同じ心で、同じ目的に生きゆく生命と生命の結びつきなのです。

地涌《じゆ》の自覚《じかく》に立つ不二《ふに》の生命

一九四六年（昭和二十一年）十一月、戸田先生は、牧口先生の三回忌法要《かいきほうよう》に臨《のぞ》んで、獄死《ごくし》した先師《せんし》の大恩《だいおん》に感謝されつつ、獄中《ごくちゅう》の悟達《ごだつ》の一端《いったん》を吐露《とろ》されました。

「あなたの慈悲《じひ》の広大無辺《こうだいむへん》は、わたくしを牢獄《ろうごく》まで連《つ》れていってくださいました。そのおかげで、『在在諸仏土《ざいざいしょぶつど》・常与師倶生《じょうよしぐしょう》』と、妙法蓮華経の一句を身をもって読み、その功徳《くどく》で、地涌《じゆ》の菩薩《ぼさつ》の本事《ほんじ》を知り、法華経の意味をかすかながらも身読《しんどく》することができました。なんたるしあわせでございましょうか」

「地涌《じゆ》の菩薩《ぼさつ》の本事《ほんじ》（過去世《かこせ》における行い）」とは、久遠《くおん》における師弟《してい》の絆《きずな》です。それを決定づけるのは弟子です。師弟は、どこまでも弟子の自覚《じかく》によって成《な》り立つ精神の絆だからです。

思えば、戦後、戸田先生が展開された「生命論」の極意《ごくい》も、地涌《じゆ》の菩薩《ぼさつ》の自覚《じかく》に立って広宣流布に生き抜く学会員には、久遠《くおん》の師弟《してい》の絆《きずな》があるとの一点にありました。

「仏《ほとけ》とは生命なり」との悟達《ごだつ》も、牧口先生の不二《ふに》の弟子として、「妙法蓮華経」を「永遠の生命の法」と観《かん》じられたといえましょう。

この師弟《してい》一体の永遠の闘争《とうそう》を信じられるか、否《いな》か。連《つら》なることができるか、否《いな》か。先生が生命論を弟子に打ち込まれるに当たり、最も心を砕《くだ》かれたホシでした。

“自分は、ただ弟子の道を貫《つらぬ》く”

一九五七年（昭和三十二年）七月三日、夕張炭労事件《ゆうばりたんろう》〈注13〉を収拾《しゅうしゅう》し、空路《くうろ》、北海道から大阪に向かう途次《とじ》、羽田《はねだ》空港で待っていてくださった戸田先生は、私の体を抱きしめて、声を振《ふ》り絞《しぼ》られました。「死んではならんぞ」「もしも、お前が死ぬようなことになったら、私もすぐに駆《か》けつけて、お前の上にうつぶして一緒に死ぬからな」と。

この日、大阪に着いた私は、全《まった》く無実の罪で逮捕《たいほ》（大阪事件〈注14〉）。獄中《ごくちゅう》の日々、検事《けんじ》から脅迫《きょうはく》ともいうべき言辞《げんじ》を突《つ》きつけられました。罪を認めなければ、学会本部を手入れし、戸田先生を逮捕するというのです。権力《けんりょく》の魔性《ましょう》が、その本性《ほんしょう》を露《あら》わにした瞬間でした。

体力の衰弱著《すいじゃくいちじる》しい先生が、再びの投獄《とうごく》となれば死に等《ひと》しい。先生をお護《まも》りするためには、一度《ひとたび》は自分が罪を認めるしかない。しかし、それでは正義を曲げ、学会に傷をつけることにならないか。私は独房《どくぼう》で煩悶《はんもん》しました。

孤独《こどく》な苦渋《くじゅう》の果《は》てに、豁然《かつぜん》と、わが胸に光が差し込みました。

――戸田先生のためなら、どうなろうとも恐れない。自分は、ただ弟子の道を貫《つらぬ》き通していくのだ――。

私は、師《し》と同じく、正法《しょうほう》のゆえに難《なん》にあいました。そして「若《も》し恩《おん》を知《し》り心《こころ》有《あ》る人人《ひとびと》は二当《ふたつあた》らん杖《つえ》には一《ひとつ》は替《か》わるべき事《こと》ぞかし」（御書一四五〇ジペー）と仰《おお》せの一分《いちぶん》を果《は》たせました。

それゆえに、ありがたくも、生死《しょうじ》を超えて師弟《してい》に生き抜くことができたと確信しています。

この大阪事件は、四年半に及《およ》ぶ法廷闘争《ほうていとうそう》の末《すえ》、満天下《まんてんか》に無罪潔白《むざいけっぱく》の正義を示し切って勝ちました。

「生死《しょうじ》を超え、今世《こんぜ》の法戦《ほうせん》」を

「現在も　未来も共に　苦楽《くらく》をば　分《わ》けあう縁《えにし》　不思議《ふしぎ》なるかな」

これは恩師《おんし》が第二代会長に就任《しゅうにん》された日に、私が頂戴《ちょうだい》した和歌《わか》です。

師《し》の心を受け継《つ》ぎ、必死に戦う中で、私は日記に留《とど》めました。

「われ、永遠に、此《こ》の師《し》と共に、生死《しょうじ》、生死と」

この共戦《きょうせん》の誓いは、今も、否《いな》、永遠に変わりません。戸田先生は常にわが生命の中におられるからです。

あの一九六〇年（昭和三十五年）、一点の雲もなく晴れ渡る、五月三日の第三代会長就任《しゅうにん》の日に、私は「生死《しょうじ》を超え、今世《こんぜ》の一生の法戦始《ほうせんはじ》む」と記しました。

「生死《しょうじ》を超え」とは、ただ一筋《ひとすじ》に広布の大道《だいどう》を、三世《さんぜ》永遠に師匠《ししょう》と共に進みゆくことです。今も私は、毎朝、毎日、胸中《きょうちゅう》の師と対話しながら、戦い、前進しています。

「生死一大事血脈抄《しょうじいちだいじけつみゃくしょう》」に「過去《かこ》の宿縁《しゅくえん》追《お》い来《きた》って今度《こんど》日蓮《にちれん》が弟子《でし》と成《な》り給《たも》う

か・釈迦多宝《しゃかたほう》こそ御存知《ごぞんじ》候《そうろう》らめ、『在在諸仏土常与師倶生《ざいざいしょぶつどじょうよしぐしょう》』よも虚事候《そらごとそうら》はじ」（御書一三三八ページ）と仰《おお》せです。

「久遠《くおん》の師弟《してい》」という因縁《いんねん》を通して、私たちは「本有《ほんぬ》の生死《しょうじ》」を覚知《かくち》できるのです。師を求め抜き、師と共に広布の使命に生き抜く共戦《きょうせん》の中で「永遠の生命」に触《ふ》れることができるのです。この境涯《きょうがい》を築くことが人間革命の無上《むじょう》の栄誉《えいよ》となるのです。

そして、その「本有《ほんぬ》の生死《しょうじ》」に基《もと》づく生命とは、広布に生き抜いている全世界の学会員が、現実に生命の奥底《おうてい》で会得《えとく》している境地《きょうち》にほかなりません。

平和の世紀建設へ希望の師弟旅《していたび》

今、各国・各地域の創価学会員も、皆、この「在在諸仏土常与師倶生《ざいざいしょぶつどじょうよしぐしょう》」の一節を胸に刻《きざ》んでいます。広宣流布の大使命を果《は》たさんがために、この娑婆《しゃば》世界に、生死《しょうじ》、生死と師弟《してい》永遠の生命の旅が続くことを、深く熱願《ねつがん》しているのです。地球規模での「常与師倶生《じょうよしぐしょう》」の時代となりました。常楽我浄《じょうらくがじょう》の歓喜《かんき》の境涯《きょうがい》を体得《たいとく》しゆく連帯はさらに、大きく広がっていくことは間違いありません。

この創価の心を、全日本、全世界の地涌《じゆ》の同志と深く深く分《わ》かち合い、異体《いたい》同心《どうしん》で、人類待望の「平和の世紀」の建設へ、「生死不二《しょうじふに》」の希望の師弟旅《していたび》を続けていきましょう！

どこまでも私と共に！　永遠に共々に！

［注　解］

〈注1〉【本有《ほんぬ》の生死《しょうじ》】「本有」とは、生命本来の有《あ》りのままのこと。「本有の生死」とは、あらゆる生命に本来的に具《そな》わっている生死。あらゆる生命は、万物《ばんぶつ》の根源の妙法と一体であり、生とは宇宙から縁《えん》に応《おう》じて一個の生命として生起《せいき》し顕在化《けんざいか》している状態、死とは宇宙に冥伏《みょうぶく》して潜在化《せんざいか》している状態。生命は永遠に、この生死を繰《く》り返している。

〈注2〉【大白牛車書《だいびゃくごしゃしょ》】建治《けんじ》三年（一二七七年）、駿河国《するがのくに》（静岡県中央部）富士郡《ふじぐん》の南条時光《なんじょうときみつ》に与えられたとされるが、詳細《しょうさい》は不明《ふめい》。法華経譬喩品第三《ひゆほんだい》に説《と》かれる大白牛車の譬喩を通して、生涯、強盛《ごうじょう》な信心を貫《つらぬ》くよう指導されている。

〈注3〉【大白牛車《だいびゃくごしゃ》】法華経譬喩品第三《ひゆほんだい》に説《と》かれる、白い牛に引かれ七宝《しっぽう》に飾《かざ》られた大きな車。日蓮大聖人は「法性《ほっしょう》の空に自在にとびゆく車」（御書一五八四ジペー）と仰《おお》せである。

〈注4〉【三界《さんがい》の火宅《かたく》】法華経譬喩品第三《ひゆほんだい》で、この世を炎に包まれた家に譬《たと》えた言葉。「三界」とは欲界《よっかい》・色界《しきかい》・無色界《むしきかい》の三種の境涯《きょうがい》で、迷いの煩悩《ぼんのう》に災《わざわ》いされて六道輪廻《ろくどうりんね》を繰《く》り返している苦悩の娑婆《しゃば》世界をいう。「火宅」は現実社会が煩悩の火に覆《おお》われた苦悩の世界であることを譬えたもの。

〈注5〉【仏界《ぶっかい》の生死《しょうじ》】自身が宇宙と生命を貫《つらぬ》く妙法蓮華経の当体《とうたい》であり、自身の生死は妙法蓮華経の生死であると覚知《かくち》し、大宇宙に具《そな》わる大慈悲《だいじひ》と生命力を体現して万人救済《ばんにんきゅうさい》という仏《ほとけ》の振《ふ》る舞《ま》いを行いながら生と死を自在に転《てん》じていくこと。

〈注6〉【臨終只今《りんじゅうただいま》】「今、臨終になっても悔《く》いがない」と言い切れる覚悟《かくご》で、「現在」を生き抜くこと。そこに「臨終正念《しょうねん》」——仏道《ぶつどう》を歩《あゆ》み続け成仏《じょうぶつ》を確信し、大満足の心で臨終を迎えることができる。

〈注7〉【松野殿御返事】本書31ページ〈注10〉参照。

〈注8〉【常楽我浄《じょうらくがじょう》】仏《ほとけ》の生命に具《そな》わる徳目《とくもく》で、四徳波羅蜜《しとくはらみつ》ともいう。「常」とは、仏が完全な永遠性を実現していること。「楽」とは、完全な安楽。「我」とは、完全な主体性。「浄」とは、完全な清らかさをいう。

〈注9〉【苦《く》・空《くう》・無常《むじょう》・無我《むが》】一切は皆苦《みなく》であり、一切は皆空《みなくう》（固定的な実体はない）であり、諸行《しょぎょう》は無常（永遠なものはない）であり、諸法《しょほう》は無我（固定的な我はない）であるとするもの。しかし、この教えでとどまると、現実を厭《いと》い逃避《とうひ》する傾向が生まれ、煩悩《ぼんのう》を断《だん》ずるために灰身滅智《けしんめっち》を求めざるを得ない。

〈注10〉【曾谷殿御返事《そやどのごへんじ》】建治《けんじ》二年（一二七六年）、曾谷教信《きょうしん》に与えられた一書。南無妙法蓮華経を成仏《じょうぶつ》の種子として、大聖人を師《し》として、仏果《ぶっか》を成就《じょうじゅ》すべきであると仏道修行《ぶつどうしゅぎょう》の肝要《かんよう》を示されている。

〈注11〉【在在《いたるところ》の諸仏《しょぶつ》の土《ど》に　常《つね》に師《し》と倶《とも》に生《しょう》ず】法華経化城喩品《けじょうゆほん》第七の文《もん》。大通智勝仏《だいつうちしょうぶつ》の十六人の王子のそれぞれによって化導《けどう》された衆生《しゅじょう》は、至《いた》るところの仏土に、常にそれぞれの師である王子とともに出生《しゅっしょう》するということ。釈尊《しゃくそん》と声聞《しょうもん》の弟子たちとの因縁《いんねん》（絆《きずな》）は、はるか昔からであったことが明かされた。

〈注12〉【若《も》し法師《ほっし》に親近《しんごん》せば……】法華経法師品《ほっしほん》第十の文《もん》。善《よ》き師《し》に随順《ずいじゅん》し学び抜いていけば菩提《ぼだい》を得るのみならず、ガンジス川の砂のように無数の仏《ほとけ》を見る果報《かほう》を得ることができることが示されている。

〈注13〉【夕張炭労事件《ゆうばりたんろうじけん》】一九五七年（昭和三十二年）六月、信教の自由を主張する創価学会員に対して、信仰を理由に炭労組合《くみあい》が学会員の締《し》め出しを図《はか》った人権蹂躙《じんけんじゅうりん》事件。

〈注14〉【大阪事件】一九五七年（昭和三十二年）七月、権力《けんりょく》の不当《ふとう》な弾圧《だんあつ》によって無実の池田先生が選挙違反の嫌疑《けんぎ》で逮捕《たいほ》・起訴《きそ》された事件。四年半の裁判を経《へ》て、六二年（同三十七年）一月二十五日、無罪判決《むざいはんけつ》となり、冤罪《えんざい》であったことが証明された。その後、検察《けんさつ》の控訴《こうそ》はなく、判決が確定した。

平　和――人類結ぶ「生命尊厳《そんげん》の旗手《きしゅ》」たれ

「戦争は、決して美談《びだん》なんかじゃないぞ」

戦地から一時《いちじ》戻ってきた長兄が語っていました。私が十三歳の時のことです。敬愛《けいあい》する長兄の真剣な声は今も耳朶《じだ》を離れません。

長兄と私には、共通の宝《たから》がありました。母が嫁《とつ》いだ折《おり》に持参した大切な鏡《かがみ》が何かの拍子《ひょうし》に割《わ》れてしまった時、そのかけらを、長兄と私は一つずつ分《わ》け合ったのです。長兄は、出征《しゅっせい》の時にも肌身《はだみ》離さず、鏡の破片《はへん》を大切に持っていきました。私も鏡を胸に、空襲《くうしゅう》の焼夷弾《しょういだん》のなかを必死にくぐり抜けました。鏡は長兄と私との絆《きずな》であったともいえます。

戦争は、わが家をめちゃくちゃにしました。強制疎開《そかい》と空襲《くうしゅう》で二度も住む所を失い、四人の兄たちを皆、戦争に取られました。

今でも「八月十五日」が近づくと、長兄の戦死の報《ほう》を受けた母の悲しげな背中を思い起こします。それは、戦争が終わって二年近く、恩師《おんし》・戸田城聖《じょうせい》先生と出会う三カ月前の出来事《できごと》でした。

〝この方なら信じられる！〟

一体、何のための戦争だったのか。

敗戦となり、当時の青年たちは、それまでの価値観が崩壊《ほうかい》し、そのあまりの無意味さに愕然《がくぜん》としました。私も、そうした心の空洞《くうどう》を埋《う》めるように、必死で生きていく支えを求め、正しき人生を模索《もさく》していました。その中で、恩師《おんし》に巡《めぐ》り合えたのです。

戸田先生に師事《しじ》することを、何よりも決定づけたのは、恩師《おんし》が先師《せんし》・牧口常《つね》三郎《さぶろう》先生と共に、軍部政府によって投獄《とうごく》された事実を知ったことでした。

戦時中、時代の流れは、民衆の心を戦争で染《そ》め上げました。当時、国家主義、軍国主義の教育が強制され、抵抗することなど、到底《とうてい》できる状況ではありませんでした。

それだけに、〝この方なら信じられる！〟と直感し、私は、師弟《してい》の道を歩《あゆ》み始めることができたのです。

平和建設の共戦《きょうせん》の旅

恩師《おんし》は、この世から一切の不幸と悲惨《ひさん》をなくすのだと、「広宣流布」即《そく》「世界平和」の大道《だいどう》に生涯を捧《ささ》げられました。

師弟《してい》の出会いから現在に至《いた》るまで、私は、恩師《おんし》の後を継《つ》ぎ、世界中に平和の種を蒔《ま》き続けてきました。そして今も、恩師と一緒に、同志と共に、平和への「共戦《きょうせん》」を続けています。

ここでは、創価の平和運動の根幹である、妙法の国土変革の哲理を学んでいきます。

御文

立正安国論《りっしょうあんこくろん》、御書三二ページ十四行目〜十七行目

汝早《なんじはや》く信仰《しんこう》の寸心《すんしん》を改《あらた》めて速《すみやか》に実乗《じつじょう》の一善《いちぜん》に帰《き》せよ、然《しか》れば則《すなわ》ち三界《さんがい》は皆仏国《みなぶっこく》なり仏国其《ぶっこくそ》れ衰《おとろえ》んや十方《じっぽう》は悉《ことごと》く宝土《ほうど》なり宝土何《ほうどなん》ぞ壊《やぶ》れんや、国《くに》に衰微《すいび》無《な》く土《ど》に破壊《はえ》無《な》くんば身《み》は是《こ》れ安《あん》全《ぜん》・心《こころ》は是《こ》れ禅定《ぜんじょう》ならん、此《こ》の詞此《ことばこ》の言信《ことばしん》ず可《べ》く崇《あが》む可《べ》し

現代語訳

あなたは早速《さっそく》ささやかな信仰の心を改《あらた》めて、速《すみ》やかに、本当に成仏《じょうぶつ》へ至《いた》らせる教えである唯一《ゆいいつ》の善《よ》い法《ほう》に帰依《きえ》しなさい。そうすれば、三《さん》界《がい》は皆、仏国《ぶっこく》である。仏国がどうして衰《おとろ》えることがあるだろうか。十《じっ》

方《ぽう》はことごとく宝土《ほうど》である。宝土がどうして壊《こわ》れることがあるだろうか。国が衰えることがなく、国土が壊れることがないなら、身は安全であり、心は動揺《どうよう》することがないだろう。これらの言葉を信じて敬《うやま》わなければならない。

一人の生命の変革から始まる

牧口先生が線を引かれ、深く拝《はい》していた一節です。

「立正安国論《りっしょうあんこくろん》」〈注1〉では、一人一人が、「実乗《じつじょう》の一善《いちぜん》」〈注2〉への信仰を確立することで、必ず「仏国《ぶっこく》」という平和の楽土を築くことができると仰《おお》せです。

妙法の受持《じゅじ》によって、今、生きている現実世界が、そのまま清らかな仏国土《ぶっこくど》と輝《かがや》き、崩《くず》れざる宝土《ほうど》になると教えられています。

仏国土《ぶっこくど》とは、飢饉《ききん》や疫病《えきびょう》、戦争などがない世界であることはもちろんですが、その上で、崩《くず》れざる宝土《ほうど》と仰《おお》せなのは、豊かな精神性が開花し、人々が安心して生きていける世界のことでありましょう。それは、確かな生命尊厳《そんげん》の哲理が基盤《きばん》となっている社会です。

この日蓮仏法の平和構築の真髄《しんずい》の原理を、現代に蘇《よみがえ》らせたのが、先師《せんし》・牧口先生と、恩師《おんし》・戸田先生でした。

軍部政府に逮捕《たいほ》された牧口先生が、取調官《とりしらべかん》に「立正安国論《りっしょうあんこくろん》」を引いて述《の》べられた言葉が、厳然《げんぜん》と書き留《とど》められています。

「一天四海《いってんしかい》（皆《かい》）帰《き》妙法《みょうほう》の国家社会が具現《ぐげん》すれば、戦争饑饉疫病《ききんえきびょう》等《とう》の天災地《てんさいち》変《へん》より免《まぬか》れ得《う》るのみならず、日常に於《お》ける各人の生活も極《きわ》めて安穏《あんのん》な幸福が到《とう》来《らい》するのでありまして之《こ》れが究極《きゅうきょく》の希望であります」

「立正安国《りっしょうあんこく》」、つまり生命尊厳《そんげん》の哲理を規範《きはん》とする社会の実現こそが、牧口先生にとって「究極《きゅうきょく》の希望」でした。

生きて獄《ごく》を出られた戸田先生はただ一人、先師《せんし》の遺志《いし》を継《つ》ぎ、敗戦の焦土《しょうど》から立正安国《りっしょうあんこく》の大闘争《だいとうそう》を始めました。

私が初めてお会いした座談会《ざだんかい》で、恩師《おんし》が講義されていたのも「立正安国論《りっしょうあんこくろん》」でした。

「どうだ、一緒にやるか!」——この恩師《おんし》の叫《さけ》びに連《つら》なり、不二《ふに》の弟子の私は立ち上がりました。そして百九十二カ国・地域に広がる創価の同志が、生命尊厳《そんげん》の社会の建設に邁進《まいしん》してきたのです。今や、平和を願う「立正安国《りっしょうあんこく》」の運動のバトンは、わが青年部へ確かに受け継《つ》がれました。さらに、この平和の大《だい》潮流《ちょうりゅう》は、世界の未来部にも滔々《とうとう》と流れ通《かよ》っています。

平等に降り注ぐ仏法の慈雨《じう》

二十一世紀の平和の宗教の要件は、排他性《はいたせい》を超えゆく寛容《かんよう》の哲学を持っていることです。

法華経は一切を包み込む調和と開会《かいえ》〈注3〉の経典《きょうてん》です。有名な「三草二《さんそうに》木《もく》」の譬《たと》え〈注4〉には、多様性《たようせい》と平等性が説《と》かれています。

――雨は高木《こうぼく》にも低木《ていぼく》にも、さらに草花にも、平等に慈雨《じう》を降らせることで、それぞれが特性に応じた花を咲《さ》かせる。

この平等に注ぐ慈雨《じう》が妙法、さまざまな草木《そうもく》にあたるのが機根《きこん》の異《こと》なる衆生《しゅじょう》です。どんな人も平等に育《はぐく》み、それぞれが花を咲《さ》かせていけるのが「実乗《じつじょう》の一《いち》善《ぜん》」たる法華経です。

妙法は「万人成仏《ばんにんじょうぶつ》」の教えです。稲に早稲《わせ》や晩稲《おくて》があり、成熟《せいじゅく》する時期は違っても必ず実《みの》るように、妙法に育《はぐく》まれた人は、必ず豊かな人生の実りを得ることができるのです。

さまざまな違いの姿があったとしても、それぞれのかけがえのない豊かな可能性を尊重《そんちょう》して、守り育《はぐく》むのが、法華経が教える智慧《ちえ》なのです。

梅は寒風にも先がけて一輪《いちりん》また一輪と咲《さ》き薫《かお》り、桜は春の青空に万朶《ばんだ》と咲き誇るのです。桜梅桃李《おうばいとうり》の独自の趣《おもむき》で咲き競います。

多様性《たようせい》を創出《そうしゅつ》する世界宗教

大事なことは、妙法は衆生《しゅじょう》の違いに関係なく、万人《ばんにん》を平等に救済《きゅうさい》できる法であるということです。つまり、民族や文化の相違を超えて、全人類が共通して願う平和と幸福を実現していく道を示しているのです。

さまざまな違いから排他《はいた》主義に走れば、争《あらそ》いと対立をもたらす「戦争の文化」を生む温床《おんしょう》となってしまいます。しかし、違いを多様性《たようせい》の源《みなもと》にするなら、「平和の文化」を生み出すことができます。

国が違っても、言葉が違っても、万人《ばんにん》が尊極《そんごく》な存在であることに気付かせ、一人も残さず幸福にできる仏法の智慧《ちえ》は、「平和の文化」を創出《そうしゅつ》できる世界宗教の光源《こうげん》なのです。

御文

三世諸仏総勘文教相廃立《さんぜしょぶつそうかんもんきょうそうはいりゅう》、御書五六三ジペー十六行目～五六四ジペー一行目

心《こころ》の一法《いっぽう》より国土世間《こくどせけん》も出来《しゅったい》する事《こと》なり、一代聖教《いちだいしょうぎょう》とは此《こ》の事《こと》を説《と》きたるなり此《こ》れを八万四千《はちまんよんせん》の法蔵《ほうぞう》とは云《い》うなり是《こ》れ皆悉《みなことごと》く一人《いちにん》の身中《しんちゅう》の法門《ほうもん》にて有《あ》るなり、然《しか》れば八万四千《はちまんよんせん》の法《ほう》蔵《ぞう》は我身《わがみ》一人《いちにん》の日記文書《にっきもんじょ》なり、此《こ》の八万法蔵《はちまんほうぞう》を我《わ》が心中《しんちゅう》に孕《はら》み持《たも》ち懐《いだ》き持《たも》ちたり我《わ》が身中《しんちゅう》の心《こころ》を以《もっ》て仏《ほとけ》と法《ほう》と浄土《じょうど》とを我《わ》が身《み》より外《ほか》に思《おも》い願《ねが》い求《もと》むるを迷《まよ》いとは云《い》うなり此《こ》の心《こころ》が善《ぜん》悪《あく》の縁《えん》に値《あ》うて善悪《ぜんあく》の法《ほう》をば造《つく》り出《いだ》せるなり

現代語訳

心という一つのものからさまざまな国土の違いも出てくるのである。

釈尊一代《しゃくそんいちだい》の教えとはこのことを説《と》いたのであり、これを八万四千の法蔵《ほうぞう》というのである。これは皆ことごとく釈尊一人《いちにん》の身にあたる法門《ほうもん》である。したがって八万四千の法蔵は我《わ》が身一人の日記・文書《ぶんしょ》なのである。

この八万法蔵《ほうぞう》を我《わ》が心のなかに孕《はら》み、懐《いだ》き持っているのである。それなのに我が身中の心で、仏《ほとけ》と法と浄土《じょうど》とを我が身《み》より外《ほか》にあると思い、外《そと》に願い求めていくのを迷いというのである。

この心が善悪《ぜんあく》の縁《えん》にあって、善悪の法《ほう》を作り出しているのである。

変革の主役は「汝自身《なんじ》なり」

自分が行動しても、それが本当に世界をよりよく変えられるのだろうか？　自分の力だけでは、何もすることができないのではないだろうか？　こうした無力感や諦《あきら》めを打ち破って、〝世界を変える主役は、汝《なんじ》自身なり！〟と、真実に目覚めるように教えたのが仏法です。

「総勘文抄《そうかんもんしょう》」〈注5〉には、「心《こころ》の一法《いっぽう》より国土世間《こくどせけん》も出来《しゅったい》する事《こと》なり」と仰《おお》せです。一念《いちねん》の変革によって、この現実世界を変えていけると明かされています。変えることができないように思える国も、世界も、所詮《しょせん》、人間の集まりであり、人間の心がつくってきたものです。

だからこそ、社会や国土の変革の起点は、人間自身の心の変革にあるのです。「我身一人《わがみいちにん》の日記文書《にっきもんじょ》」ゆえに、全《すべ》ては一人の人間革命から始まるのです。

三変土田《さんぺんどでん》は生命の浄化《じょうか》

法華経では、娑婆《しゃば》世界を仏国土《ぶっこくど》へと変えていく原理を、「三変土田《さんぺんどでん》」〈注6〉として描《えが》いています。

釈尊《しゃくそん》が浄化《じょうか》したのは、私たちの現実の世界である「娑婆《しゃば》世界」〈注7〉です。そして、さまざまな国土を、一つの広大無辺《こうだいむへん》の仏国土《ぶっこくど》、つまり一切の差異や分断《ぶんだん》を超え、苦悩のない世界に転《てん》じました。それは、一切衆生《しゅじょう》に仏性《ぶっしょう》があるという価値観を基盤《きばん》とした世界が現出したともいえましょう。

天台大師《てんだいだいし》は『法華文句《ほっけもんぐ》』で、三度の浄化《じょうか》を、「三惑《さんわく》」〈注8〉という惑いを破ることだと論《ろん》じています。

とりわけ、最後に打ち破るべき「無明惑《むみょうわく》」とは、生命の真実に暗いことから起こる根本の迷いのことです。自他共《じたとも》の仏性《ぶっしょう》を信じられないことこそが、成仏《じょうぶつ》を妨《さまた》げる一切の煩悩《ぼんのう》の根源なのです。

あらためて確認しておきたいのは、この三変土田《さんぺんどでん》は、どこまでも私たちの現実世界から出発し、帰着《きちゃく》していることです。私たちの三毒《さんどく》や三惑《さんわく》と無関係の、どこか遠くにある仏国土《ぶっこくど》に〝行く〟ことではない。自身の生命の変革を通して、今いる国土を、平和と安穏《あんのん》の寂光土《じゃっこうど》へと〝変えていく〟ことなのです。

その意味で、三惑《さんわく》を破るとは境涯《きょうがい》革命であり、自他共《じたとも》の生命の尊厳《そんげん》に目覚めることです。

原水爆禁止宣言

ここで、私たちの平和運動の原点ともいうべき、戸田先生の「原水爆禁止宣言」を確認しておきたい。

――一九五七年（昭和三十二年）九月八日、台風一過《いっか》の空は晴れ渡っていました。神奈川の三ツ沢《みつざわ》の競技場《きょうぎじょう》で行われた「若人《わこうど》の祭典《さいてん》」の閉会式で、戸田先生は五万人の参加者を前に、青年部への「遺訓《いくん》の第一」を発表されました。

「今、世に騒《さわ》がれている核実験、原水爆実験にたいする私の態度を、本日、はっきりと声明したい」。そして、断固《だんこ》たる力強《ちからづよ》い声で続けられました。

「核あるいは原子爆弾の実験禁止運動が、今、世界に起こっているが、私は、その奥に隠されているところの爪《つめ》をもぎ取りたいと思う。

それは、もし原水爆を、いずこの国であろうと、それが勝っても負けても、それを使用したものは、ことごとく死刑にすべきであるということを主張するものであります。

なぜかならば、われわれ世界の民衆は、生存の権利をもっております。その権利をおびやかすものは、これ魔《ま》ものであり、サタンであり、怪物《かいぶつ》であります」

「奥に隠されているところの爪《つめ》」とは、「元品《がんぽん》の無明《むみょう》」〈注9〉です。人間生命に潜《ひそ》む根源の悪《あく》です。権力《けんりょく》の魔性《ましょう》に魅入《みい》られた者《もの》が持つ傲慢《ごうまん》な生命軽視《けいし》・人間蔑視《べっし》の思想ともいえましょう。

仏法者であり、死刑に反対されていた先生が、あえて「死刑」という表現をされ、「魔《ま》もの」「サタン」「怪物《かいぶつ》」などの言葉を使われたのは、生命に巣《す》くう

「魔性《ましょう》」を打ち破る、「生命尊厳《そんげん》」の断固《だんこ》たる精神の支柱《しちゅう》を厳然《げんぜん》と打ち立てる以外に、この問題の根本的解決の道はないという意義、次元からであったと思います。

この宣言は、青年部にとって、「元品《がんぽん》の無明《むみょう》」に対する大闘争《だいとうそう》の開幕となったのです。

憎悪《ぞうお》から人間革命の連動へ

世界は今も、核の脅威《きょうい》にさらされ、凄惨《せいさん》なテロや紛争《ふんそう》が頻発《ひんぱつ》するなど、暴力《ぼうりょく》が吹《ふ》き荒《あ》れています。こうした、人間不信と憎悪《ぞうお》の連鎖《れんさ》を断《た》ち切ることができるかどうかで、人類の生存は決まるといっても過言《かごん》ではない。

人間と人間を結ぶために何よりも大切なのは、対話を続けることです。私たちが、法華経の修行《しゅぎょう》の鑑《かがみ》である不軽菩薩《ふきょうぼさつ》のように、目の前の一人また一人と、諦《あきら》めずに対話を貫《つらぬ》くことは、自身の仏性《ぶっしょう》を呼び覚まし、相手の仏性を呼び覚ますことでもあります。

国際宗教社会学会の初代会長ブライアン・ウィルソン博士〈注10〉は、創価学会の役割に期待を寄せておられました。

「現代には創価学会のように世界平和をめざし、とても健全な前進を続けている宗教運動がある。学会がさらに大きく拡大していくならば、多くの会員の『内なる意識改革』が、信仰をしていない他の人々の意識を揺《ゆ》り動かし、社会的にすばらしい大きな変化をもたらしていくということは大《おお》いに考えられる」

まさしく大事なのは、人間革命の連動です。常に一人の変革から始まるのです。

御文

御義口伝《おんぎくでん》、御書七八〇ジペー八行目～九行目

御義口伝《おんぎくでん》に云《いわ》く此《こ》の法華経《ほけきょう》を閻浮提《えんぶだい》に行《ぎょう》ずることは普賢菩《ふげんぼ》薩《さつ》の威神《いじん》の力《ちから》に依《よ》るなり、此《こ》の経《きょう》の広宣流布《こうせんるふ》することは普賢《ふげん》菩薩《ぼさつ》の守護《しゅご》なるべきなり云云《うんぬん》

現代語訳

この法華経を全世界に行《ぎょう》ずるということは、普賢菩薩《ふげんぼさつ》の威神《いじん》の力《ちから》によるのである。この経《きょう》が広宣流布するのは普賢菩薩の守護《しゅご》によるのである。

融和《ゆうわ》と協調を生む普賢《ふげん》の智慧《ちえ》

広宣流布は、「普賢菩薩《ふげんぼさつ》の威神《いじん》の力《ちから》」で進むと仰《おお》せです。

この「御義口伝《おんぎくでん》」〈注11〉の一文《いちぶん》にも、牧口先生は線を引かれていました。

普賢菩薩《ふげんぼさつ》とは、「普《あまね》く」「賢《かしこ》く」という菩薩、つまり、一切の人の智慧《ちえ》を開き、幸福に導《みちび》く菩薩のことです。

日蓮大聖人は、「普《ふ》」とは「不変真如《ふへんしんにょ》の理《り》」〈注12〉であり、「賢《げん》」とは「随《ずい》縁真如《えんしんにょ》の智《ち》」〈注13〉であるとも示されています（御書七八〇ジペー）。

万人《ばんにん》が幸福になる不変の真理を掲《かか》げるとともに、根源の智慧《ちえ》を涌現《ゆげん》させて、あらゆる状況において、価値を創造していくのです。

平和《へいわ》への探求《たんきゅう》も、生命尊厳《そんげん》の大原則を確立すると同時に、現実の諸問題に適切に、柔軟《じゅうなん》に応じていく英知が求められます。人類の分断《ぶんだん》と対立の宿命《しゅくめい》を、融《ゆう》和《わ》と協調へと転換《てんかん》していくための、普賢菩薩《ふげんぼさつ》の智慧《ちえ》なのです。

人間に会いに行く

国家間の不信感が高まっていた冷戦時代、私は、民間人ではありましたが、中国、アメリカ、ソ連を相次《あいつ》いで訪問し、周恩来《しゅうおんらい》総理〈注14〉、キッシンジャー国務長官〈注15〉、コスイギン首相〈注16〉らと対話を重ねてきました。

また、その後も、キリスト教、イスラム教、ヒンズー教、ユダヤ教など、異《こと》なる宗教的背景をもつ指導者や識者とも平和の語らいを広げてきました。

一切の偏見《へんけん》を排除《はいじょ》し、相手の尊厳《そんげん》なる生命に接していくとき、そこには必ず人間の善性《ぜんせい》が輝《かがや》きを放《はな》ってきます。それは「鏡《かがみ》に向《むか》って礼拝《らいはい》を成《な》す時浮《ときうか》べる影《かげ》又我《またわれ》を礼拝するなり」（御書七六九ページ）という仏法の原理です。

相手の仏性《ぶっしょう》を尊敬《そんけい》していくところから、深い信頼が育《はぐく》まれ、対話の扉《とびら》が必ず開きます。国家や民族、イデオロギーなどの違いも超えて、友情を結ぶことができます。

世界の運命を担《にな》う責任感に立って祈る時、普賢《ふげん》の智慧《ちえ》が湧《わ》き、絶対に道は開ける——これが、平和旅を続けてきた、私の結論です。

民衆の連帯が世界を変える

終戦直前のことでした。撃墜《げきつい》された飛行機から、アメリカ兵がパラシュートで降りてきました。まだあどけなさが残るその兵士は、群衆《ぐんしゅう》に棒でたたかれた後、憲兵《けんぺい》に目隠《めかく》しをされ連《つ》れて行かれた。

そのことを母に話すと、「かわいそうに！　かわいそうに！　その人のお母さんは、どんなに心配していることだろうね」と嘆《なげ》いていました。あの母の慈《いつく》しみの声は、今も忘れることはできません。

戸田先生は語っていました。

「戦争をなくすためには、社会の制度や国家の体制を変えるだけではだめだ。根本の『人間』を変えるしかない。民衆が強くなるしかない。民衆が賢《かしこ》くなるしかない。そして世界の民衆が、心と心を結び合わせていく以外ない」

人類の仏性《ぶっしょう》を目覚めさせていくのは、妙法を受持《じゅじ》する「生命尊厳《そんげん》の旗手《きしゅ》」たる私たちの使命です。

オーストリアのフラニツキ首相〈注17〉と会談した時、戦争体験が話題になりました。首相は毅然《きぜん》とした口調《くちょう》で言われました。

「ラテン語の格言《かくげん》には『平和を願うならば、戦争の準備をせよ』とあります。しかし、私はこの言葉を『平和を願うならば、平和の準備をせよ』と置き換えて、活動しているのです」と。

「平和の準備」とは、一人一人が真の平和に目覚め、その心に生命尊厳《そんげん》の大哲学を打ち立てることです。仏法を基調《きちょう》とした平和と文化と教育の連帯を広げることこそ、永遠に変わることのない、創価の平和闘争《とうそう》なのです。

人類の未来を照らす創価の陣列《じんれつ》

二〇一七年（平成二十九年）七月七日、核兵器の使用や保有などを禁止する

「核兵器禁止条約」が、国連本部で採択《さいたく》されました。これを大きく後押ししたのは、国際的な市民社会の声でありました。私どもも長年訴《うった》えてきた、時代を画《かく》する条約です。

恩師《おんし》の「原水爆禁止宣言」から半世紀以上が経ちました。いよいよ平和創造の民衆の陣列《じんれつ》を固め、生命尊厳《そんげん》の世界市民の連帯を拡大していきたい。「安国《あんこく》」も平和を尊《とうと》ぶ人間をつくる「立正《りっしょう》」から始まります。一切の焦点《しょうてん》は人間なのです。

なかんずく、学会に婦人部がある限り、時代を必ず平和の方向へリードしていくことは間違いないと、多くの識者が期待を寄せてくださっています。平和を願う、百九十二カ国・地域の創価の連帯こそが、戦争のない時代を築く希望であるとの声も高まっています。

そして何よりも、わが地涌《じゆ》の青年たちがいる限り、人類の未来は明るいとの信頼が世界から寄せられています。

だからこそ、第二次世界大戦が終わった日である「八月十五日」という毎年の節目に、私は特に青年たちに言い残しておきたい。徹して、断《だん》じて、平和の未来を頼む！　と。

［注解］

〈注1〉【立正安国論《りっしょうあんこくろん》】本書57ページ〈注1〉参照。

〈注2〉【実乗《じつじょう》の一善《いちぜん》】成仏《じょうぶつ》へと導《みちび》く真実の教え。一切衆生《しゅじょう》の仏性《ぶっしょう》を開いて成仏することができる教えが説《と》かれている法華経のこと。

〈注3〉【開会《かいえ》】さまざまなものを、より高い立場から位置づけ、真実の意味を明かすこと。

〈注4〉【「三草二木《さんそうにもく》」の譬《たと》え】法華経薬草喩品《やくそうゆほん》第五に説《と》かれる譬え。上・中・下の三種の薬草と、大・小の二種の樹木をもって、衆生《しゅじょう》の性質の違いを譬え、降りそそぐ雨をもって、仏《ほとけ》が一切の衆生に利益《りやく》をほどこすことを譬えている。

〈注5〉【総勘文抄《そうかんもんしょう》（三世諸仏総勘文教相廃立《さんぜしょぶつそうかんもんきょうそうはいりゅう》）】執筆年次《しっぴつねんじ》など詳細《しょうさい》は不詳《ふしょう》。題号《だいごう》の意は、過去・現在・未来の諸々《もろもろ》の仏《ほとけ》は、方便《ほうべん》の権教《ごんきょう》を廃《はい》して自行《じぎょう》真実の法華経を立てることを真意とした、ということ。法華経が真実の教えであることを教相のうえから証明している。

〈注6〉【三変土田《さんぺんどでん》】法華経見宝塔品《けんほうとうほん》第十一で、釈尊自《しゃくそんみずか》らが三度、娑婆《しゃば》世界を変《へん》じて浄化《じょうか》し、同じ一つの浄土《じょうど》としたこと。「土田」とは国土・土地・場所の意。

〈注7〉【娑婆《しゃば》世界】娑婆とはサンスクリットの「サハー」の音写《おんしゃ》で、「堪忍《かんにん》」等《とう》と意訳《いやく》される。

迷いと苦難《くなん》に満《み》ちていて、それを堪《た》え忍ばなければならない世界。

〈注8〉【三惑《さんわく》】天台大師《てんだいだいし》が一切の惑（迷い・煩悩《ぼんのう》）を三種に立て分《わ》けたもの。見思惑《けんじわく》（思想・信条の迷いである見惑と、生まれながらの感覚・感情の迷いである思惑《しわく》）・塵沙惑《じんじゃわく》（菩薩《ぼさつ》が人々を教え導《みちび》くのに妨《さまた》げとなる無数の迷い）・無明惑《むみょうわく》（仏法の根本の真理に暗い根源的な無知）のこと。

〈注9〉【元品《がんぽん》の無明《むみょう》】「元品」とは最も本源的《ほんげんてき》なもの。元品の無明は、生命に本性として具《そな》わる無明、その働き。無明については、本書135ページ〈注5〉参照。

〈注10〉【ブライアン・ウィルソン博士】一九二六年～二〇〇四年。英・オックスフォード大学社会学名誉教授、オールソールズ・カレッジ名誉研究員、国際宗教社会学会初代会長。池田先生との対談集に『社会と宗教』（『池田大作全集 6』収録）がある。

〈注11〉【御義口伝《おんぎくでん》】本書57ページ〈注3〉参照。

〈注12〉【不変真如《ふへんしんにょ》の理《り》】仏《ほとけ》が覚知《かくち》した永遠に変わらぬ常住不変《じょうじゅうふへん》の真実の法理《ほうり》・根本原理。

〈注13〉【随縁真如《ずいえんしんにょ》の智《ち》】永遠の法をよりどころとしながら、刻々《こっこく》と変化していく事象《じしょう》（縁《えん》）に随《したが》って、それに最も適切に対応していく真実の自在の智慧《ちえ》。

〈注14〉【周恩来《しゅうおんらい》総理】一八九八年～一九七六年。中華人民共和国の初代首相（一九四九年～七六年）。七四年十二月五日、北京《ペキン》市《し》中南海《ちゅうなんかい》の三〇五病院で池田先生と一期一会《いちごいちえ》の会見を行った。

〈注15〉【キッシンジャー国務長官】一九二三年〜。米国の政治家、政治学者。一九七三年、ノーベル平和賞受賞。池田先生との対談集に『「平和」と「人生」と「哲学」を語る』（『池田大作全集 102』収録）がある。

〈注16〉【コスイギン首相】一九〇四年〜八〇年。旧ソ連の政治家。一九六四年、フルシチョフに代わり首相に就任《しゅうにん》。国内の経済改革を推進し、国際緊張の緩和《かんわ》に尽力《じんりょく》した。池田先生とは、七四年九月十七日にクレムリンの首相執務室《しつむしつ》で会見した。

〈注17〉【フラニツキ首相】一九三七年〜。オーストリアの政治家。一九八六年六月、首相に就任《しゅうにん》（〜九七年）。池田先生とは、八九年十月七日、東京都内で会見した。

民衆仏法㊤——自身の尊極性《そんごくせい》に目覚めよ！

一番苦しんだ人が、一番幸せになる権利がある。最も侮蔑《ぶべつ》され、虐《しいた》げられてきた民衆こそが、最も誇り高く凱歌《がいか》を轟《とどろ》かせる権利がある。

その大転換《だいてんかん》へ、宿命《しゅくめい》に涙してきた一人一人が、永遠の幸福を勝ち開くためにこそ、日蓮大聖人の仏法はあるのだ——。

これは、恩師《おんし》・戸田城聖《じょうせい》先生の不二《ふに》の弟子として、私が生命に刻《きざ》みつけた結論です。

「民衆のため」、また「人類のため」といっても、根本は、目の前に佇《たたず》む、苦悩の一人に向き合って、勇気と希望を送り、救《すく》いきっていけるかどうか——この一点にあるのです。

〝一番苦しんできた庶民〟の味方

インド独立の父、マハトマ・ガンジー〈注1〉は、ある集会に出席した際《さい》、会場の片隅《かたすみ》に目を留《と》めました。

そこには、不可触民《ふかしょくみん》と呼ばれて、長く差別されてきた人々が集められていたのです。すると、ガンジーは自分に用意された席には目もくれず、貧しき人々の輪に入り、そこから会衆《かいしゅう》に向かって語りかけました。

ガンジーは、自分はこの方々の側《がわ》にいる、いな、この苦しんできた人々こそが〝中心〟なのだと、鮮《あざ》やかに示したのです。

「ガンジーはあらゆる問題をただ一つの試問《しもん》『それはインドの虐《しいた》げられた人々にどう役立つか?』で判断しました」とは、後継者《こうけいしゃ》のネルー首相〈注2〉

が師《し》を語った言葉でした。

創価学会は、永遠に民衆の側《がわ》に立ちます。最も苦しんできた庶民のために！　ここに、一切の基準を置いて戦い続けるのです。

日蓮仏法は、「民衆仏法」です。

この「民衆」とは、一切衆生《しゅじょう》のことです。何か特定の階級《かいきゅう》などではありません。現実にいる「目の前の一人」のことです。その人が誰であれ――男性も女性も、いかなる国も民族も、いかなる出自《しゅつじ》や階層《かいそう》も、年齢や職業も、一切、排除《はいじょ》や差別なく、抱《かか》える苦しみの如何《いかん》にかかわらず、一人も残らず民衆です。一切衆生にわたるのです。

「誰も置き去りにしない」――今、国連が国際社会を挙《あ》げて成《な》し遂《と》げようと呼びかけているビジョンとも、仏法の根本思想は深く響《ひび》き合います。

ここからは、日蓮大聖人が不惜身命《ふしゃくしんみょう》〈注３〉の大闘争《だいとうそう》で打ち立ててくださった「民衆仏法」の精神を学んでいきたい。

まず、どこまでも目の前の「一人」を救《すく》いきっていくための「受持即観心《じゅじそくかんじん》」〈注4〉の御本尊の意義を拝《はい》していきます。

御　文

観心本尊抄《かんじんのほんぞんしょう》、御書二四〇ジペー一行目〜四行目

観心《かんじん》とは我《わ》が己心《こしん》を観《かん》じて十法界《じっぽうかい》を見《み》る是《これ》を観心《かんじん》と云《い》うなり、譬《たと》えば他人《たにん》の六根《ろっこん》を見《み》ると雖《いえど》も未《いま》だ自面《じめん》の六根《ろっこん》を見《み》ざれば自具《じぐ》の六根《ろっこん》を知《し》らず明鏡《みょうきょう》に向《むか》うの時始《ときはじ》めて自具《じぐ》の六根《ろっこん》を見《み》るが如《ごと》し、設《たと》い諸経《しょきょう》の中《なか》に処処《しょしょ》に六道並《ろくどうなら》びに四聖《ししょう》を載《の》すと雖《いえど》も法華経並《ほけきょうなら》びに天台大師所述《てんだいだいししょじゅつ》の摩訶止観等《まかしかんとう》の明鏡《みょうきょう》を見《み》ざれば自具《じぐ》の十界《じっかい》・百界千如《ひゃっかいせんにょ》・一念三千《いちねんさんぜん》を知《し》らざるなり

現代語訳

観心《かんじん》とは自分自身の心を見つめて、そこに十界《じっかい》を見ること、これを

観心というのである。

譬《たと》えば、他人の六根《ろっこん》（目・耳・鼻などの知覚・認識器官）を見ても、自分の六根を見ないなら、自分自身に具《そな》わっている六根は分《わ》からない。明鏡に向かった時、はじめて自身の六根を見る。諸経《しょきょう》の中で随所《ずいしょ》に六《ろく》道《どう》や四聖《ししょう》について触《ふ》れているけれども、法華経や、天台大師《てんだいだいし》が述《の》べた『摩訶止観《まかしかん》』などの明鏡を見なければ、自分自身に具わっている十《じっ》界《かい》・百界千如《ひゃっかいせんにょ》・一念三千《いちねんさんぜん》を知ることはないのである。

自身の生命をありのままに映す鏡《かがみ》

牧口常三郎《つねさぶろう》先生も、戸田先生も、御書に線を引き、大切に拝《はい》していた御文《ごもん》です。

民衆仏法の焦点《しょうてん》は、全《すべ》ての人間の内なる尊厳性《そんげんせい》を示すとともに、現実に、眼《がん》前《ぜん》の一人の人間を尊極《そんごく》ならしめる、万人《ばんにん》に開かれた実践の方途《ほうと》を示すことにあります。

先に結論を申《もう》し上げれば、日蓮大聖人の御本尊こそ、受持即観心《じゅじそくかんじん》の法理《ほうり》に裏《うら》付《づ》けされた、一切衆生《しゅじょう》の成仏《じょうぶつ》を実現する民衆仏法の真髄《しんずい》です。「観心本尊抄《かんじんのほんぞんしょう》」〈注5〉には、その意義が鮮明《せんめい》に説《と》かれています。

「観心《かんじん》とは我《わ》が己心《こしん》を観《かん》じて十法界《じっぽうかい》を見《み》る」と仰《おお》せです。

仏法は、人間の内奥《ないおう》を凝視《ぎょうし》し、どこまでも深く己心《こしん》（自己の心・生命）を探求《たんきゅう》していきます。「内なる道（内道）」であるゆえんです。

自身の心を見つめていく、自分という一人の生命を徹して掘り下げていく。そこに現れてくる「人間」の本質をつかむことが、仏法の基本的なアプローチです。

人は、他人の外見は見えても、自分の外見は見えにくいものです。しかし「鏡《かがみ》」を見れば、そこに自分の姿がありありと映る。けれども自分の内面は映らない。そこで、間違いなく「己心《こしん》を観《かん》ずる」には、仏《ほとけ》の智慧《ちえ》で、ありのままに映し出す生命の「明鏡《めいきょう》」が必要なのです。それが法華経であり、天台《てんだい》の『摩《ま》訶止観《かしかん》』〈注6〉などだと仰《おお》せです。

この「明鏡《めいきょう》」に照らして見えてくるのは、生老病死《しょうろうびょうし》の苦悩の渦巻《うずま》くこの娑婆《しゃば》世界で、もがきながらも懸命に幸福を願望《がんぼう》して生きている一人一人の生命にほかなりません。皆、平等に、「十界互具《じっかいごぐ》」の生命なのです。

誰もが「十界互具《じっかいごぐ》」の当体《とうたい》

民衆、すなわち一切衆生《しゅじょう》は、誰もが、例外なく「十界互具《じっかいごぐ》」の当体《とうたい》である。この真実に人を見る基準を置いて、一人一人の人間と向き合うならば、いかなる理由があれ、人間を切り捨てる発想は生まれないはずです。

本来、どんな人も尊《とうと》い。どんな人も、かけがえのない存在なのです。

アメリカの民衆詩人ホイットマン〈注7〉は、この「一人」の存在に呼びかけました。「宇宙の理論が狙《ねら》いをさだめる究極《きゅうきょく》の的《まと》は、間違いなくつねにひとりの単独な個人――つまり『君』だ」と。

その人が誰であれ、「君」「あなた」がどれほど尊貴《そんき》で大切な存在か。それは、全宇宙が照準《しょうじゅん》を合わせている中心点なのだと、詩人は高らかに歌い上げたのです。

御文

観心本尊抄《かんじんのほんぞんしょう》、御書二四一㌻九行目〜十三行目

十界互具《じっかいごぐ》之《これ》を立《た》つるは石中《せきちゅう》の火《ひ》・木中《もくちゅう》の花《はな》信《しん》じ難《がた》けれども縁《えん》に値《お》うて出生《しゅっしょう》すれば之《これ》を信《しん》ず人界所具《にんかいしょぐ》の仏界《ぶっかい》は水中《すいちゅう》の火《ひ》・火中《かちゅう》の水《みず》最《もっと》も甚《はなは》だ信《しん》じ難《がた》し、然《しか》りと雖《いえど》も竜火《りゅうか》は水《みず》より出《い》で竜水《りゅうすい》は火《ひ》より生《しょう》ず心得《こころえ》られざれども現証《げんしょう》有《あ》れば之《これ》を用《もち》ゆ、既《すで》に人界《にんかい》の八界之《はっかいこれ》を信《しん》ず、仏界何《ぶっかいなん》ぞ之《これ》を用《もち》いざらん堯舜等《ぎょうしゅんとう》の聖人《しょうにん》の如《ごと》きは万民《ばんみん》に於《お》て偏頗《へんぱ》無《な》し人界《にんかい》の仏界《ぶっかい》の一分《いちぶん》なり、不軽菩薩《ふきょうぼさつ》は所見《しょけん》の人《ひと》に於《お》て仏身《ぶっしん》を見《み》る悉達太子《しったたいし》は人界《にんかい》より仏身《ぶっしん》を成《じょう》ず此等《これら》の現証《げんしょう》を以《もっ》て之《これ》を信《しん》ず可《べ》きなり

現代語訳

十界互具《じっかいごぐ》の法理《ほうり》を立てることは、「石の中の火」とか「木の中の花」のようなもので、信じ難《がた》いことではあるが、縁《えん》に触《ふ》れて現れるので、これを信じるのである。

しかし、人界《にんかい》に具《そな》わっている仏界《ぶっかい》は、「水の中の火」「火の中の水」のようなもので、最も信じ難《がた》い。とはいえ、竜火《りゅうか》は水から出現し、竜《りゅう》水《すい》は火から生《しょう》じる。納得できなくとも、直接見て確かめれば、これを信用する。あなたは既に人界に具わる他《ほか》の八界については信じている。仏界が具わることについては、どうしてこれを信用しないのか。

中国古代の堯《ぎょう》や舜《しゅん》などの聖人《しょうにん》は、万民《ばんみん》に対して公平であった。これはわずかではあるが、人界《にんかい》に具《そな》わる仏界《ぶっかい》が現れているのである。不軽《ふきょう》菩薩《ぼさつ》は会う人すべてに仏《ほとけ》の身を見た。悉達太子《しったたいし》（釈尊《しゃくそん》の出家《しゅっけ》前《まえ》の名）は人界から仏の身と成《な》った。これらの事実によって、人界に仏界が具わることを信じるのがよい。

自身の可能性に目覚めよ

大聖人は、「一念三千《いちねんさんぜん》は十界互具《じっかいごぐ》よりことはじまれり」（御書一八九㌻）と仰《おお》せです。

「十界互具《じっかいごぐ》」は一念三千《いちねんさんぜん》の礎《いしずえ》です。なかでも、「一念三千は九界即仏界《きゅうかいそくぶっかい》・仏界即九界と談《だん》ず」（御書二五六㌻）とあります。九界の側《がわ》にいる現実の凡夫《ぼんぷ》が仏《ほとけ》の生命を持つこと、そして、成道《じょうどう》した仏も九界の生命を所持《しょじ》していること、この原理こそが法華経の肝要《かんよう》です。

とりわけ、凡夫《ぼんぷ》の立場からすれば、「九界即仏界《きゅうかいそくぶっかい》」が成仏《じょうぶつ》への要諦《ようてい》となります。本抄《ほんしょう》で大聖人は、それを実現する根本因《いん》を「九界所具《きゅうかいしょぐ》の仏界」、なかんずく

「人界所具《にんかいしょぐ》の仏界《ぶっかい》」と言われています。これが永遠の法理《ほうり》と定《さだ》まってこそ、凡《ぼん》夫《ぷ》の成仏《じょうぶつ》も可能になるのです。

この段で、大聖人は、「十界互具《じっかいごぐ》」と「人界所具《にんかいしょぐ》の仏界《ぶっかい》」を鋭《するど》く対比されています。

「石中《せきちゅう》の火《ひ》」――石を打てば火が生まれる。「木中《もくちゅう》の花《はな》」――桜も梅も木の中から咲《さ》く。十界互具《じっかいごぐ》を一般論として考えているうちは、この譬《たと》えのように、一応、理解はできます。

ところが、一重《いちじゅう》深く踏《ふ》み込んで、「人界所具《にんかいしょぐ》の仏界《ぶっかい》」とはどういうことか考えてみると、途端《とたん》に難解《なんかい》になる。

本来、法理《ほうり》の上では、「人界所具《にんかいしょぐ》の仏界《ぶっかい》」も、「十界互具《じっかいごぐ》」に含まれているはずです。しかし、「水中《すいちゅう》の火《ひ》」や「火中《かちゅう》の水《みず》」の如《ごと》く、人界と仏界とでは、あまりにも懸隔《けんかく》がありすぎる。人界（凡夫《ぼんぷ》）である自分自身の生命に、偉大《いだい》な仏界が具《そな》わっていると言われても、にわかに信じることはできません。

人間は、抽象的《ちゅうしょうてき》に理解したとしても、現実に自身の可能性に目覚め、本当の自分を知ることは難しい。

そこで大聖人が、誰にでもわかるように説明されたのが「現証《げんしょう》」〈注8〉です。

まず、古代中国の聖王《せいおう》たる堯《ぎょう》・舜《しゅん》〈注9〉が偏頗《へんぱ》なく公平に人民に慈愛《じあい》で接した姿。そして、法華経に説《と》かれる不軽菩薩《ふきょうぼさつ》が自分を迫害《はくがい》する人々の内《うち》にまで仏性《ぶっしょう》を見て取り、全《すべ》ての人を礼拝《らいはい》した姿。さらに、釈尊《しゃくそん》が王子の地位を捨てて出家《しゅっけ》し、凡夫《ぼんぷ》のその身に仏《ほとけ》を成就《じょうじゅ》した姿などを示し、人界《にんかい》に仏界《ぶっかい》の具《そな》わる証拠《しょうこ》とされています。

〝日蓮大聖人の不惜《ふしゃく》の闘争《とうそう》を見よ〟

日蓮仏法にあって、「九界即仏界《きゅうかいそくぶっかい》」の厳《げん》たる証拠《しょうこ》は、大聖人御自身の忍難弘《にんなんぐ》通《つう》の大闘争《だいとうそう》のお姿以上のものはありません。

とりわけ、文永《ぶんえい》八年（一二七一年）九月十二日、「竜《たつ》の口《くち》の法難《ほうなん》」の頸《くび》の座《ざ》に臨《のぞ》んでの「発迹顕本《ほっしゃくけんぽん》」〈注10〉は、その最《さい》たるものです。「開目抄《かいもくしょう》」には、「日蓮《にちれん》といゐし者《もの》は去年《こぞ》九月十二日子丑《ねうし》の時《とき》に頸《くび》はねられぬ」（御書二二三ジベー）と、宿業《しゅくごう》や苦悩を抱《かか》えた凡身《ぼんしん》を開いて、その身のまま、久遠元初《くおんがんじょ》の仏《ほとけ》〈注11〉の本来の境地《きょうち》を顕《あらわ》されたことを明かされています。

それは、法に生き抜いた一人の凡夫《ぼんぷ》の内面に、宇宙大の尊極性《そんごくせい》が輝《かがや》くことを明確に示されたともいえます。大聖人は、身命《しんみょう》にも及《およ》ぶ大難《だいなん》――幕府権力《けんりょく》の大《だい》弾圧《だんあつ》によって、生命を奪《うば》われんとする絶体絶命《ぜったいぜつめい》の危機をも勝ち越えられ、妙法の正しさを厳然《げんぜん》と証明されたのです。「凡夫即極《そくごく》」〈注12〉の現証《げんしょう》です。

とともに、大聖人お一人の発迹顕本《ほっしゃくけんぽん》は、後に続く万人《ばんにん》の尊厳性《そんげんせい》の開花を約束したものであると拝《はい》される、ということです。

全《すべ》ての人間、全ての民衆は本来、この大聖人と同じ尊極無上《そんごくむじょう》の生命を持っている。その真実に目覚めよ！　無限の可能性を開きゆけ！　と大慈大悲《だいじだいひ》の姿をもって呼びかけられているのです。

御書には、十界《じっかい》も「一人の心」から始まり、「一人を手本として一切衆生《しゅじょう》平等」（御書五六四ジペー）と仰《おお》せです。

私たちは、大聖人が身をもって示された実証《じっしょう》を「手本」として、わが身の上に、断固《だんこ》と勝利また勝利の人生を開いていくのです。

御文

観心本尊抄《かんじんのほんぞんしょう》、御書二四六ページ十五行目〜二四七ページ六行目

釈尊《しゃくそん》の因行果徳《いんぎょうかとく》の二法《にほう》は妙法蓮華経《みょうほうれんげきょう》の五字《ごじ》に具足《ぐそく》す我等《われら》此《こ》の五字《ごじ》を受持《じゅじ》すれば自然《じねん》に彼《か》の因果《いんが》の功徳《くどく》を譲《ゆず》り与《あた》え給《たも》う、（中略）寿量品《じゅりょうほん》に云《いわ》く「然《しか》るに我実《われじつ》に成仏《じょうぶつ》してより已来《このかた》・無量《むりょう》無辺百千万億那由佗劫《むへんひゃくせんまんおくなゆたこう》なり」等云云《とううんぬん》、我等《われら》が己心《こしん》の釈尊《しゃくそん》は五《ご》百塵点乃至所顕《ひゃくじんでんないししょけん》の三身《さんじん》にして無始《むし》の古仏《こぶつ》なり、経《きょう》に云《いわ》く「我《われ》本《もと》菩薩《ぼさつ》の道《どう》を行《ぎょう》じて・成《じょう》ぜし所《ところ》の寿命《じゅみょう》・今猶《いまなお》未《いま》だ尽《つ》きず・復《また》上《かみ》の数《かず》に倍《ばい》せり」等云云《とううんぬん》、我等《われら》が己心《こしん》の菩薩等《ぼさつとう》なり、地涌千《じゆせん》界《がい》の菩薩《ぼさつ》は己心《こしん》の釈尊《しゃくそん》の眷属《けんぞく》なり

現代語訳

釈尊《しゃくそん》が成仏《じょうぶつ》する原因となったあらゆる修行《しゅぎょう》と、成仏した結果、得られたあらゆる功徳《くどく》との二つは、いずれも妙法蓮華経の五字に具足《ぐそく》している。私たちがこの五字を受持《じゅじ》すれば、おのずと、この釈尊の因《いん》と果《か》の功徳をすべて譲《ゆず》り与えられるのである。（中略）

寿量品《じゅりょうほん》には「私は実際には成仏《じょうぶつ》してから、無量無辺百千万億那由他《むりょうむへんなゆた》劫《こう》という長遠《ちょうおん》な時間を経《へ》ている」とある。私たちの己心《こしん》に具《そな》わる釈尊《しゃくそん》は、五百塵点劫《じんてんごう》以前の昔に顕《あらわ》された三身《さんじん》であり、始まりもないほど古くからの仏《ほとけ》なのである。

同じく「私は過去世《かこせ》において菩薩道《ぼさつどう》を修行《しゅぎょう》した。それによって得た寿命《じゅみょう》は、今なお尽きていない。これからの寿命は、前に述《の》べた五百塵《じん》点劫《てんごう》の倍の長さである」とある。これは私たちの己心《こしん》に具《そな》わる菩薩などである。無数の地涌《じゆ》の菩薩《ぼさつ》は、己心《こしん》に具《そな》わる釈尊《しゃくそん》の弟子である。

万人成仏《ばんにんじょうぶつ》を実現する受持即観心《じゅじそくかんじん》の法理《ほうり》

「受持即観心《じゅじそくかんじん》」という日蓮仏法の極意を明かされた御文《ごもん》です。

妙法蓮華経は、釈尊《しゃくそん》が久遠《くおん》より積み重ねた成仏《じょうぶつ》の原因である修行《しゅぎょう》（因行《いんぎょう》）と、その結果として成就《じょうじゅ》した福徳《ふくとく》（果徳《かとく》）を、全《すべ》て具足《ぐそく》する大法《だいほう》です。

それは、釈尊《しゃくそん》自身が妙法蓮華経によって仏《ほとけ》になり、また、妙法蓮華経に基《もと》づいた法華経を説《と》いているからです。釈尊のみならず一切の諸仏《しょぶつ》もそうです。妙法五字には、一切諸仏の仏因《ぶついん》と仏果《ぶっか》が具《そな》わっている。

続けて大聖人は、「我等此《われらこ》の五字《ごじ》を受持《じゅじ》すれば」と仰《おお》せです。「我等」とは大聖人と門下《もんか》であり、直結《ちょっけつ》する末弟《まってい》の私たちです。さらに、一切衆生《しゅじょう》、全民衆を包含《ほうがん》するお言葉です。

そして、「自然《じねん》に」――道理として「必ず」です。「誰でも」ということです。どんな人でも、必ず仏《ほとけ》の境涯《きょうがい》を開いていけるのです。

この妙法五字を受持《じゅじ》して、自行化他《じぎょうけた》の題目《だいもく》を唱《とな》え、実践していくならば、成仏《じょうぶつ》の原因も結果も、そっくりそのまま、私たちに譲《ゆず》り与えられます。末法《まっぽう》の凡夫《ぼんぷ》が成仏する修行《しゅぎょう》の原理を確立し、明かしてくださったのです。

偉大《いだい》な仏《ほとけ》の生命を涌現《ゆげん》する御本尊

発迹顕本《ほっしゃくけんぽん》された大聖人が、顕《あらわ》された御本尊は、この妙法五字の曼荼羅《まんだら》です。

戸田先生は、「文底《もんてい》よりこれを読めば『己心《こしん》を観《かん》ずる』というのは御本尊を信ずることであり、『十法界《じっぽうかい》を見る』というのは妙法を唱《とな》えることである」と拝《はい》しています。

さらに「そのゆえは、御本尊を信じて妙法を唱《とな》えるときは、御本尊の十法界《じっぽうかい》が即己心《そくこしん》の十法界となるからである。すなわち信じ受持《じゅじ》することによって、御本尊の因行果徳《いんぎょうかとく》を譲《ゆず》り与えられて、歓喜《かんき》の境涯《きょうがい》に住《じゅう》することができるのである」と講義されていました。御本仏《ごほんぶつ》の慈悲《じひ》と智慧《ちえ》に満《み》ちあふれた生命が即《そく》、私たちの己心《こしん》に開き顕《あらわ》れるのです。

深く信心を発《おこ》して、妙法を唱《とな》える時、私たちが拝《はい》する御本尊の明鏡《めいきょう》に照らされ、わが胸中《きょうちゅう》の御本尊が涌現《ゆげん》します。己心《こしん》の仏界《ぶっかい》を見るのです。受持即観心《じゅじそくかんじん》の御本尊なればこそ、いかなる苦難《くなん》も必ず乗り越えていける、いかなる苦悩も必ず解決していける、その偉大《いだい》な力《ちから》があるのです。

人生の苦を解決する仏法

戸田先生は、『観心本尊抄講義《かんじんのほんぞんしょうこうぎ》』を発刊された一九五五年（昭和三十年）頃、各地で、繰《く》り返し「受持即観心《じゅじそくかんじん》」の法理《ほうり》を語られました。

ある時には――人間は皆、平等でありたいと思っていても、現実には、千差《せんさ》万別《ばんべつ》の悩みや苦しみがある。しかし、御本尊を受持《じゅじ》して、妙法を唱《とな》えきっていけば、偉大《いだい》な「果徳《かとく》」が厳然《げんぜん》と現れ、「宿命《しゅくめい》の転換《てんかん》、貧乏《びんぼう》、病人、家庭の悩み等、いっさい人生の苦を解決することは、絶対に疑いない事実である」と。

また、ある時には——御本尊を受持《じゅじ》すれば、自分が過去世《かこせ》につくらなかった、裕福になるなどの幸福の「原因」を即座《そくざ》にくださる。「あとは自分の信心と、折伏《しゃくぶく》によって、結果を勝ちとらなければいけない」と。

「万人成仏《ばんにんじょうぶつ》の法」を、一人一人が実践し、その一人一人が人間革命を成《な》し遂《と》げる。そのために御本尊があるのです。

己心《こしん》の仏界《ぶっかい》、己心の菩薩界《ぼさつかい》が涌現《ゆげん》

御文《ごもん》に戻ると、法華経寿量品《じゅりょうほん》から、己心《こしん》の仏界《ぶっかい》と菩薩界《ぼさつかい》を表す経文《きょうもん》を引かれています。

大聖人にとって、仏界《ぶっかい》や仏性《ぶっしょう》という言葉で表される境涯《きょうがい》は、決して抽象的《ちゅうしょうてき》な観念《かんねん》ではなかったのでありましょう。「己心《こしん》の釈尊《しゃくそん》」とは、久遠《くおん》から「常住此《じょうじゅうし》説法《せっぽう》」〈注13〉――この娑婆《しゃば》世界で人々を救済《きゅうさい》し続けてきた、戦う「無始《むし》の古《こ》仏《ぶつ》」〈注14〉です。

「己心《こしん》の菩薩《ぼさつ》」は、永遠に人々の幸福のために働く生命です。さらに、「地涌《じゆ》千界《せんがい》の菩薩」もまた、己心《こしん》に脈動《みゃくどう》する生命であり、久遠《くおん》の仏《ほとけ》の弟子として、永遠に師匠《ししょう》のため、衆生《しゅじょう》のために働くことが示されています。

妙法流布《るふ》を誓願《せいがん》する時、わが己心《こしん》の大地より、地涌《じゆ》の生命が歓喜《かんき》して涌出《ゆじゅつ》するのです。

人間革命のための御本尊

日蓮大聖人の仏法は――

民衆一人一人が宿命《しゅくめい》を転換《てんかん》する、内なる力《ちから》と智慧《ちえ》を呼び覚ます人間革命の宗教です。

民衆一人一人が強く賢《かしこ》くなり、嵐に揺《ゆ》るがぬ師子王《ししおう》となる宗教です。

民衆一人一人が尊極《そんごく》の当体《とうたい》として輝《かがや》き、無限の可能性を開花させる、人間が主役となる宗教です。

民衆一人一人が御本尊を受持《じゅじ》し、自行化他《じぎょうけた》の題目《だいもく》を唱《とな》えることによって、自他共《じたとも》の幸福を勝ち広げていける、幸福と平和のための宗教です。

この「人間の宗教」から拝《はい》するならば、御本尊は、どこまでも、万人《ばんにん》に開かれた、民衆のための御本尊です。

一切衆生《しゅじょう》の幸福を実現する、人間のための御本尊です。

そして、世界の平和を祈る、誓願《せいがん》のための御本尊です。

戸田先生は、第二代会長就任式《しゅうにんしき》で、烈々《れつれつ》と師子吼《ししく》されました。

──「今日《こんにち》の広宣流布《こうせんるふ》」とは、使命に立ち上がった一人一人が「国中《くにじゅう》の一人一人を折伏《しゃくぶく》し、みんなに御本尊様を持《たも》たせること」であり、それは〝一対一の膝《ひざ》づめの対話〟によって成《な》し遂《と》げられる──と。

その後も先生は、東洋広布、さらに世界広布の大確信の上から訴《うった》えられていました。

「いまは本尊流布《るふ》の時が来ており、御本尊様の大功徳《だいくどく》は、真昼の太陽のごとく輝《かがや》いていているときである」

一人の生命が尊厳《そんげん》であるからこそ、一人また一人と御本尊を受持《じゅじ》させるのです。誰一人、差別していい存在はいない。皆、尊《とうと》い使命をもって生まれてきました。

御本尊の功力《くりき》は平等です。仲介者《ちゅうかいしゃ》もいりません。大事なことは信心です。「観心《かんじん》の本尊」とは「信心の本尊」なのです。一人一人が、自身の境涯《きょうがい》を開き、自身の生命の宝塔《ほうとう》を最高に輝《かがや》かせゆくために、御本尊があるのです。

日寛上人《にちかんしょうにん》が「我等《われら》この本尊を信受《しんじゅ》し、南無妙法蓮華経と唱《とな》え奉《たてまつ》れば、我《わ》が身《み》即《すなわ》ち一念三千《いちねんさんぜん》の本尊、蓮祖聖人《れんそしょうにん》なり」と示されたように、御本尊を抱きしめ戦い抜いた人は、尊極《そんごく》なる自分自身を築きあげることができるのです。

一番苦しんだ人が一番幸福に

一人の民衆が、一人の人間が、自身の無限の可能性に目覚め、本来持っている豊かな力《ちから》を開かせること——すなわち、民衆のエンパワーメント（内なる力の開花）は、二十一世紀の世界にあって最重要のテーマとなっています。

その動きと呼応《こおう》するかのように、今、世界中で仏法求道《きゅうどう》と人間革命の感動と喜びが広がっています。あるアメリカのリーダーは、「十界互具《じっかいごぐ》の哲学と生命変革の実践に、友人たちの関心が寄せられています」と語りました。

今、約三十カ国で、教学実力試験が実施《じっし》されているアフリカでも、人間主義の哲学が確信を込めて語られています。

あるケニアの友は日蓮仏法の魅力《みりょく》について、「幸福を築く力《ちから》は自分自身の中にあると教えていること」と語っていました。まさに「受持即観心《じゅじそくかんじん》」の法理《ほうり》です。

一番苦しんだ人が、一番幸せに！　偉大《いだい》なる宿命転換《しゅくめいてんかん》を可能にする太陽の仏法が今、燦々《さんさん》とアフリカをはじめ、全世界を照らし始めたことを、必ずや大聖人が喜ばれているに違いありません。

「平和の種」を！「希望の光」を！

民衆仏法の太陽は、世界のいずこであれ、そこに苦しんでいる人がいる限り、蘇生《そせい》の光を注いでいきます。

今、私どもは新たな決意で、あの地へ、この地へ、妙法という「平和の種」を蒔《ま》き、あの友へ、この友へ、「希望の光」を届け、一人からまた一人へと、広宣流布の黄金の波を広げていきたい。

「この世から〝悲惨《ひさん》〟の二字をなくしたい」との恩師《おんし》の願いを、現実のものとする創価の挑戦は続きます。

［注　解］

〈注1〉【マハトマ・ガンジー】一八六九年～一九四八年。インドの政治家、民族運動の指導者。サティヤーグラハ（真理の把握《はあく》）と呼ぶ非暴力の不服従運動を展開。引用の逸話《いつわ》は、クリシュナ・クリパラーニ『ガンディーの生涯（下）』（森本達雄訳、第三文明社）から。

〈注2〉【ネルー首相】一八八九年～一九六四年。インドの政治家。ガンジーのもとで、インド独立運動を戦い、国民会議派の指導者となる。投獄《とうごく》されること九回。祖国独立とともに初代首相（一九四七年～六四年）となった。引用は、『自由と平和への道』（井上信一訳、社会思想研究会出版部）＝現代表記に改《あらた》めた。

〈注3〉【不惜身命《ふしゃくしんみょう》】「身命を惜《お》しまざるべし」と読む。法華経勧持品《かんじほん》第十三の文《もん》（法華経四一二ページ）。仏法求道《きゅうどう》のため、また法華経弘通《ぐつう》のために身命を惜しまないこと。

〈注4〉【受持即観心《じゅじそくかんじん》】末法《まっぽう》の凡夫《ぼんぷ》が成仏《じょうぶつ》するための観心（自身の心を観じる）の修行《しゅぎょう》は、南無妙法蓮華経の御本尊を受持することに尽きるということ。

〈注5〉【観心本尊抄《かんじんのほんぞんしょう》】「如来滅後五五百歳始《にょらいめつごごのごひゃくさいにはじむ》観心本尊抄（如来滅後五五百歳に始《はじ》む観心の本尊抄）」。文永《ぶんえい》十年（一二七三年）四月、佐渡流罪中《さどるざいちゅう》の一谷《いちのさわ》で著《あらわ》された書。末法《まっぽう》の人々が信じて成仏《じょうぶつ》するための根本法である南無妙法蓮華経の本尊について説《と》かれている。

〈注6〉【天台《てんだい》の『摩訶止観《まかしかん》』】天台講述《こうじゅつ》の『摩訶止観』では、一念三千《いちねんさんぜん》の観法《かんぽう》が確立されている。同書は天台三大部の一つ。

〈注7〉【ホイットマン】一八一九年〜九二年。アメリカの詩人。植字工《しょくじこう》や新聞記者などをしながら、詩や小説を執筆《しっぴつ》。詩集『草の葉』の増補《ぞうほ》・改訂《かいてい》を生涯続ける。自由な形式で人間讃歌《さんか》を謳《うた》い、アメリカ・ルネサンスの旗手《きしゅ》として、米国の思想・文学に大きな影響《えいきょう》をあたえた。引用は、「青いオンタリオの岸辺で」(『草の葉(中)』所収、酒本雅之訳、岩波書店)。

〈注8〉【現証《げんしょう》】人々を幸福へと導《みちび》く正法《しょうほう》かどうかを判定する基準である三証《さんしょう》(文証《もんしょう》・理証《りしょう》・現証)の一つ。現実の証拠《しょうこ》。

〈注9〉【堯《ぎょう》・舜《しゅん》】堯は、帝王・堯王のこと。舜は、帝王・舜王のこと。いずれも中国古代の伝説上の帝王で、善政《ぜんせい》を行ったと伝えられた。

〈注10〉【発迹顕本《ほっしゃくけんぽん》】「迹を発《ひら》いて本《ほん》を顕《あらわ》す」と読む。すなわち仏《ほとけ》が仮《かり》(迹《しゃく》)の姿を発いて本来の境地《きょうち》を顕すこと。

〈注11〉【久遠元初《くおんがんじょ》の仏《ほとけ》】最も根源の法を覚知《かくち》した永遠の仏。久遠元初とは、ある特定の遠い過去ではなく、宇宙と生命の永遠の根源を示している。

〈注12〉【凡夫即極《ぼんぷそくごく》】普通の人間(凡夫)にこそ尊極《そんごく》の仏《ほとけ》の境涯《きょうがい》が現れるということ。法華経では十界互具《じっかいごぐ》が明かされ、凡夫の身に本来、仏の境涯が具《そな》わっていて、これを開き現すことができると示されている。

〈注13〉【常住此説法《じょうじゅうしせっぽう》】「常《つね》に此《ここ》に住《じゅう》して法《ほう》を説《と》く」と読む。法華経如来寿量品《にょらいじゅりょうほん》第十六の自我偈《じがげ》の一節（法華経四八九ジペー）。仏《ほとけ》が常にこの娑婆《しゃば》世界に住んで、法を説いているという意で、仏の常住を示し、娑婆即寂光《そくじゃっこう》の法理《ほうり》を示している。

〈注14〉【無始《むし》の古仏《こぶつ》】久遠《くおん》の仏《ほとけ》のこと。寿量品《じゅりょうほん》で説《と》かれた五百塵点劫成道《ごひゃくじんてんごうじょうどう》の仏をいう。「無始」とは、始まりがないこと。始まりがないほどの久遠から続いているということ。

民衆仏法㊦——我《われ》らに地涌《じゆ》の誇りあり！

我《われ》いま仏《ほとけ》の　旨《むね》をうけ
妙法流布《るふ》の　大願《だいがん》を
高くかかげて　独り立つ
味方は少なし　敵多《てきおお》し

——わが師《し》・戸田城聖《じょうせい》先生が、獄中《ごくちゅう》で作られた「同志の歌」です。いつも、私の胸中《きょうちゅう》に轟《とどろ》いている恩師《おんし》の心の歌です。

獄死《ごくし》された先師《せんし》・牧口常三郎《つねさぶろう》先生の遺志《いし》を受け継《つ》ぎ、敗戦の惨禍《さんか》に苦悩する民衆のまっただ中に、正義の師子王《ししおう》として一人、「妙法流布の大願《だいがん》」に立たれた戸田先生。そのお心を思えば、我《われ》もまた「一人立つ！」と勇気の命が燃えたぎる。

ここに、不滅《ふめつ》の学会精神があります。師匠《ししょう》から弟子へ、この師子王《ししおう》の魂《たましい》の継承《けいしょう》があればこそ、創価学会は「広宣流布の宗教」の命脈《めいみゃく》を永遠ならしめることができるのです。

「一人立つ」精神が日蓮仏法

日蓮仏法は、いかなる人にも「仏性《ぶっしょう》」という尊極《そんごく》の生命を見て、その無限の可能性を信じ抜くゆえに、どこまでも「目の前の一人」に関わり、「一人を大切にする」宗教です。

これが「民衆仏法」の第一の特徴です。

ここまでは、この意義を、「受持即観心《じゅじそくかんじん》」の法理《ほうり》の上から学びました。

そして同時に、日蓮仏法は、いかなる非難《ひなん》や迫害《はくがい》にも屈《くっ》せず、この人間尊敬《そんけい》の行動に徹《てっ》し抜く「一人立つ」宗教《しゅうきょう》です。

私は、この点《てん》を「民衆仏法《みんしゅう》」の第二の特徴《とくちょう》として挙《あ》げたい。

「一人を大切にする」ことは、その一人の人間が「救われる」ことで完結するのではありません。自身の無限の価値に目覚めるならば、今度は必ず、「救われる存在」から、人を「救う存在」へと変わっていく。「励《はげ》まされる側」から「励ます側」になるのです。自《みずか》らが「一人を大切にする」主体者へと人間革命していくのです。「宿命《しゅくめい》に苦しみ、泣いてきた人」が試練《しれん》に打ち勝ち、それを糧《かて》とし、「皆に勇気と希望を送る使命の人」へと強くなる。「宿命」を「使命」に転《てん》ずるのです。

自分が尊厳《そんげん》であるならば、他者も同じく尊厳な存在である。ゆえに、誰もが本来の尊厳性を輝《かがや》かせ、共に幸福になってほしい――そう願って立ち上がるのが、仏法の菩薩《ぼさつ》の生き方です。一人一人が、あらゆる苦難《くなん》を乗り越えつつ、万《ばん》人《にん》の幸福を実現する妙法弘通《ぐつう》の主人公となる。ここに「地涌《じゆ》の菩薩」〈注1〉の実像《じつぞう》があるのです。

御文

本尊問答抄《ほんぞんもんどうしょう》、御書三七三㌻十七行目〜三七四㌻三行目

此《こ》の御本尊《ごほんぞん》は世尊《せそん》説《と》きおかせ給《たま》いて後《のち》二千二百三十余年《にせんにひゃくさんじゅうよねん》が間《あいだ》・一閻浮提《いちえんぶだい》の内《うち》にいまだひろめたる人候《ひとそうら》はず、漢土《かんど》の天台《てんだい》日本《にほん》の伝教《でんぎょう》ほぼしろしめしていささかひろめさせ給《たま》はず当時《とうじ》こそひろまらせ給《たも》うべき時《とき》にあたりて候《そうら》へ経《きょう》には上行《じょうぎょう》・無辺《むへん》行等《ぎょうとう》こそ出《い》でてひろめさせ給《たも》うべしと見《み》へて候《そうら》へどもいまだ見《み》へさせ給《たま》はず、日蓮《にちれん》は其《そ》の人《ひと》に候《そうら》はねどもほぼこころえて候《そうら》へば地涌《じゆ》の菩薩《ぼさつ》の出《い》でさせ給《たも》うまでの口《くち》ずさみにあらあら申《もう》して況滅度後《きょうめつどご》のほこさきに当《あた》り候《そうろう》なり

現代語訳

この御本尊は、釈尊《しゃくそん》が説《と》いて後世《こうせい》にお残しになってから後《のち》、二千二百三十年余りの間、一閻浮提《いちえんぶだい》（全世界）の中に、いまだかつて弘めた人はいない。中国の天台大師《てんだいだいし》と日本の伝教《でんぎょう》大師は、おおむねご存じであったが、少しも弘められることはなかった。（末法《まっぽう》の）今こそ弘まるべき時にあたっている。

法華経には、上行菩薩《じょうぎょうぼさつ》・無辺行《むへんぎょう》菩薩などの地涌《じゆ》の菩薩が出現して、弘められると説《と》かれているが、いまだご出現になっていない。

日蓮はその任《にん》をになう人ではないが、おおむね理解しているので、地涌《じゆ》の菩薩《ぼさつ》がご出現になるまでの間の導入として、大体のところを述《の》べて、「まして私（釈尊《しゃくそん》）の死後はなおさらである」（法華経法師品《ほっしほん》第十）

と言われている大難《だいなん》に先鋒《せんぽう》として立ち向かったのである。

「御本尊を弘める人」の存在が焦点《しょうてん》

「本尊問答抄《ほんぞんもんどうしょう》」〈注2〉では、「法華経の題目《だいもく》を以《もっ》て本尊とすべし」（御書三六五ジペー）、また「能生《のうしょう》を以て本尊とするなり」（御書三六六ジペー）と、一切の諸仏《しょぶつ》を生み出す根源の仏種《ぶっしゅ》である南無妙法蓮華経の御本尊の意義を、明確に示されています。とともに、仏滅後《ぶつめつご》、この御本尊を弘めた人はいなかったことから、末法《まっぽう》の今、誰が、この御本尊を弘めるかを強調されています。

御文《ごもん》では、「弘める」という言葉が繰《く》り返されています。弘教《ぐきょう》実践の主体者がいなければ、現実に人を救《すく》うことはできません。

中国の天台大師《てんだいだいし》も、日本の伝教大師《でんぎょう》も、共に法華経を宣揚《せんよう》し、その元意《がんい》をおよそ究《きわ》めながら、結局、南無妙法蓮華経の御本尊を弘めることはありませんでした。
日蓮大聖人は、御自身は地涌《じゆ》の菩薩《ぼさつ》その人ではないと謙遜《けんそん》されながら、「況《きょう》滅度後《めつどご》」〈注3〉の大難《だいなん》の嵐に、戦いの「矛先《ほこさき》」として、一人立ち向かわれたと仰《おお》せです。「況滅度後」に照らせば、大聖人こそが末法《まっぽう》の法華経の行者《ぎょうじゃ》であり、上行菩薩《じょうぎょう》即《そく》末法の御本仏《ごほんぶつ》であることはいうまでもありません。

大聖人は、御本尊を「法華弘通《ほっけぐつう》のはた《旌》じるし」（御書一二四三ページ）と言われました。もともと、〝旗印《はたじるし》〟とは戦場の目印となるものです。仏《ほとけ》と魔《ま》の攻防戦の中で、「法華弘通」を成《な》し遂《と》げていく、すなわち広宣流布という信念の戦いの旗印と拝《はい》せるでしょう。

いうならば、民衆一人一人が人生に勝利し、幸福な境涯《きょうがい》を開いていくことこそが、広宣流布の根本目的である。その大理想実現の旗印《はたじるし》なのです。

御文

諸法実相抄《しょほうじっそうしょう》、御書一三五九ページ十三行目〜十六行目

地涌《じゆ》の菩薩《ぼさつ》のさきがけ日蓮一人《にちれんいちにん》なり、地涌《じゆ》の菩薩《ぼさつ》の数《かず》にもや入《い》りなまし、若《も》し日蓮地涌《にちれんじゆ》の菩薩《ぼさつ》の数《かず》に入《い》らば豈《あ》に日蓮《にちれん》が弟子檀那《でしだんな》・地涌《じゆ》の流類《るるい》に非《あら》ずや、経《きょう》に云《いわ》く「能《よ》く竊《ひそ》かに一人《いちにん》の為《た》めに法華経《ほけきょう》の乃至一句《ないしいっく》を説《と》かば当《まさ》に知《し》るべし是《こ》の人《ひと》は則《すなわ》ち如来《にょらい》の使《つかい》・如来《にょらい》の所遣《しょけん》として如来《にょらい》の事《じ》を行《ぎょう》ずるなり」と、豈《あ》に別人《べつじん》の事《こと》を説《と》き給《たも》うならんや

現代語訳

地涌《じゆ》の菩薩《ぼさつ》の先駆《さきが》けは日蓮一人である。地涌の菩薩の数にもきっと

入るであろう。もし、日蓮が地涌の菩薩の数に入れば、日蓮の弟子檀《だん》那《な》は地涌の仲間ではないか。

法華経に「ひそかに一人のためにでも、法華経を、そしてまたその一句だけでも説《と》くなら、まさにこの人は如来《にょらい》の使いであり、如来から遣《つか》わされて如来の振《ふ》る舞《ま》いを行うものであると知りなさい」（法師品《ほっしほん》第十）と説かれる文《もん》は、だれかほかの人のことを説かれたものではない。

地涌《じゆ》とは「一人立つ」勇者の異名《いみょう》

「諸法実相抄《しょほうじっそうしょう》」には、「地涌《じゆ》の菩薩《ぼさつ》のさきがけ日蓮一人《にちれんいちにん》なり」と仰《おお》せです。御自身が一人立つ先駆《さきが》けのお姿を示されたのです。

法華経涌出品《ゆじゅっぽん》〈注4〉には、六万恒河沙等《ごうがしゃとう》の無数の菩薩《ぼさつ》が大地を破って涌出《ゆじゅつ》したと説《と》かれています。御書には、「上行菩薩《じょうぎょう》の大地よりいで給《たま》いしには・

をどり《踊》てこそいで《出》給《たま》いしか」（御書一三〇〇ページ）とも表現されており、歓喜踊躍《かんきゆやく》して出現するのです。上行菩薩《じょうぎょうぼさつ》をはじめ、地涌《じゆ》の大行進に列《つら》なる菩薩たちは、仏《ほとけ》に勝《まさ》るとも劣《おと》らぬ威容《いよう》を具《そな》え、「巍巍堂堂《ぎぎどうどう》として尊高《そんこう》」（御書二一一ページ）です。地涌の誰もが、一人立つ勇者なのです。

創価学会の永遠の原点は、牧口先生の心を継《つ》いだ戸田先生が獄中《ごくちゅう》で覚知《かくち》された、「我《われ》、地涌《じゆ》の菩薩《ぼさつ》なり」との悟達《ごだつ》にあります。

この原点から出発して、創価の師弟《してい》は、いまだ戦乱の悲惨《ひさん》と民衆の苦悩の絶《た》えない地球上にあって、人間の幸福と平和のため、広宣流布の大願《だいがん》に立ったのです。その使命を自覚《じかく》するゆえに、いかなる苦難《くなん》も恐れず、怯《ひる》まず、屈《くっ》せず、一人立つ真正の勇者たらんと、民衆の中へ飛び込んできたのです。

「一人」から底流《ていりゅう》を変える変革が

アメリカの哲人ソロー〈注5〉も、「一人立つ」人間の偉大《いだい》な力《ちから》を確信していました。

それは、あらゆる社会改革の起点です。一切は、一人が立ち上がった時から始まるのです。彼は叫《さけ》びました。

「私が確信するところでは、もし千人、といわず百人が、あるいは、私が名前を挙《あ》げることのできる十人――たった十人の誠実な人間――が、いや、たったひとりの『誠実な』人間が」立ち上がり、行動を起こせば、奴隷制《どれいせい》の廃止《はいし》も可能なのだ、と。

公民権《こうみんけん》運動の指導者キング博士〈注6〉は、この言葉を引用しつつ、人種差別に苦しんできた黒人（アフリカ系アメリカ人）の人々が差別撤廃《てっぱい》運動に取り組む中で、「もはや以前よりもうんと背中をのばして歩いている」、そして「この国の良心は、地表の底で、はげしくゆすぶられつつある」と指摘《してき》しました。

民衆一人一人の心が変わり、行動が変わる時、遂《つい》には世間の人々の心も、底《てい》流《りゅう》で変化を起こしていくのです。

地涌《じゆ》とは、目覚めた民衆の底力《そこぢから》

地涌《じゆ》の菩薩《ぼさつ》は、大地から勢いよく躍《おど》り出ます。御書に「大地の底にかくしをきたる真《まこと》の弟子」（御書九〇五ジペー）、また「五百塵点劫《ごひゃくじんでんごう》よりこのかた御弟子《みでし》とならせ給《たま》いて一念《いちねん》も仏《ほとけ》を・わすれず・まします大菩薩」（御書一三〇六ジペー）とも記されています。久遠《くおん》より真実にして不二《ふに》なる師弟《してい》の道を貫《つらぬ》き通しているのです。

そして、「能《よ》く能く心をきたは鍛せ給《たも》うにや」（御書一一八六ジペー）と賞嘆《しょうたん》された、「志念堅固《しねんけんご》」にして「大忍辱力《だいにんにくりき》」ある菩薩《ぼさつ》たちです〈注7〉。その姿は、弥勒《みろく》をはじめ迹化《しゃっけ》・他方《たほう》の菩薩たちを驚嘆《きょうたん》させました。

「大地」とは、いかなる差別も取り払った普遍《ふへん》の生命の象徴《しょうちょう》です。

御書には「日蓮と同意《どうい》ならば地涌《じゆ》の菩薩《ぼさつ》たらんか」「末法《まっぽう》にして妙法蓮華経の五字を弘めん者《もの》は男女《なんにょ》はきらふべからず、皆地涌の菩薩の出現に非《あら》ずんば唱《とな》へがたき題目《だいもく》なり」（御書一三六〇ジペー）と仰《おお》せです。まさしく、大聖人は無限に広がる「民衆の大地」から地涌の菩薩を未来永遠に呼び出《いだ》す道を開いてくださいました。何よりも、「東条《とうじょう》の郷《ごう》・片海《かたうみ》の海人《あま》が子なり」（御書三七〇㌻）と、御自《おんみずか》ら民衆の一員であると高らかに宣言されています。

「地涌《じゆ》の菩薩《ぼさつ》の出現」は、大地に立脚《りっきゃく》した民衆が生命の底力《そこぢから》を発揮《はっき》して歴史の表舞台に躍《おど》り出て、行き詰《づ》まった社会を根底から変革しゆく姿にも通じるのではないでしょうか。

現実に、ＳＧＩは百九十二カ国・地域に広がり、これまで仏法に全《まった》く縁《えん》のなかった国々でも、地涌《じゆ》の菩薩《ぼさつ》が涌現《ゆげん》し、御本尊を受持《じゅじ》して妙法を唱《とな》え、「良き市民」として、生き生きと活躍しています。

戸田先生は「後生畏《こうせいおそ》るべし」（『論語《ろんご》』）との言《げん》を引いて、後継《こうけい》の青年を励《はげ》まされました。青年は「未来」であり、「宝」であり、「希望」そのものだからです。今、日本各地の青年大会や世界各国での若人《わこうど》の活躍を見つめる識者の方々が、「こんなに素晴らしい青年たちがいたのか！」と絶讃《ぜっさん》されています。陸続《りくぞく》と出現する〝新たな地涌《じゆ》の青年〟の陣列《じんれつ》は、なんと頼もしいことでしょうか。

創価の同志こそ「地涌《じゆ》の勇者」

草創《そうそう》以来、わが同志は経済苦や病気、家庭不和等の悩みを抱《かか》えながら、懸命に折伏《しゃくぶく》・弘教《ぐきょう》に挑《いど》んできました。「自分の病気を治してから出直して来い」「お前が貧乏《びんぼう》でなくなったら信心してやる」等々、冷笑《れいしょう》や侮蔑《ぶべつ》の言葉を、どれほど投げつけられたことか。

しかし、健気《けなげ》な同志は断《だん》じて負けなかった。むしろ悪口《あっこう》されるたびに、「御書にある通りだ」「これで宿命《しゅくめい》の鉄鎖《てっさ》を断《た》ち切っているんだ」と、いよいよ闘《とう》魂《こん》を燃やし、頭《こうべ》を上げ、胸を張《は》ったのです。

一番大変な、一番つらい時に衆生《しゅじょう》を救《すく》っていくのが、地涌《じゆ》の菩薩《ぼさつ》であり、創価の同志は、まさしく地涌の勇者です。自身の苦悩や困難《こんなん》と戦いながら、広宣流布の使命に生き抜き、人間革命して、悩みに負けない堂々《どうどう》たる自分自身を築き上げ、社会に貢献《こうけん》してきたのです。

大聖人が「地涌《じゆ》の義《ぎ》」（御書一三六〇ページ）と言われた通りに、今日《こんにち》、あの国にも、この地にも、「広宣流布は私たちの手で！」と誓う同志が誕生していま す。広布の使命と誓願《せいがん》を共有する友が、世界中で連帯を広げています。これこそ、創価学会が仏意仏勅《ぶついぶっちょく》の和合僧《わごうそう》である証明でありましょう。

どこまでも一対一の対話を！

次の法師品《ほっしほん》の「一人の為《た》めに」という文《もん》は、仏法の人間主義の規範《きはん》ともいえます。

目の前の一人を励《はげ》ますため、苦悩の一人を救《すく》うために、動き、語りかけ、一対一で粘《ねば》り強《づよ》く対話を重ねていく。この最も地道な対話こそが、事実の上で「仏《ほとけ》の仕事」（如来《にょらい》の事《じ》）を行《ぎょう》じている何よりの証《あかし》です。

最後に、「だれかほかの人のことを説《と》かれたものではない」と仰《おお》せです。経《きょう》文《もん》に説《と》かれる「如来《にょらい》の使《つかい》」とは、他の誰かのことではない。ありがたくも大聖人に直結して、広宣流布へ如説修行《にょせつしゅぎょう》する私たちのことなのです。

人間革命の根本は、地涌《じゆ》の生命の自覚《じかく》にあります。その本質は師弟不二《していふに》の行動です。その自覚と誇りを持つところに、地涌の底力《そこぢから》が滾々《こんこん》と湧《わ》くのです。

一人一人を「師子《しし》」に変える宗教

大聖人の「民衆仏法」は、民衆一人一人が「一人立つ」師子《しし》へと変わっていく、力強《ちからづよ》い宗教です。その意義を、熱原《あつはら》の法難《ほうなん》〈注8〉を通して、あらためて申《もう》し上げておきたい。

この法難《ほうなん》では、全《まった》く無実の罪で、法華経を受持《じゅじ》した二十人の農民門下《もんか》たちが捕縛《ほばく》され、鎌倉に連行されました。そして、当時、最も権勢《けんせい》を誇っていた平左衛門尉《へいのさえもんのじょう》の私邸《してい》で、拷問《ごうもん》に等《ひと》しい残忍《ざんにん》な取り調べが行われ、門下は〝法華経を捨てよ〟との脅迫《きょうはく》に晒《さら》されました。

この時、門下《もんか》たちは、どう振《ふ》る舞《ま》ったのか。

弘安《こうあん》二年（一二七九年）の十月十七日、日興上人《にっこうしょうにん》らに送られた「聖人等御返事《しょうにんとうごへんじ》」には、「彼等御勘気《かれらごかんき》を蒙《こうむ》るの時・南無妙法蓮華経・南無妙法蓮華経と唱《とな》え奉《たてまつ》ると云云《うんぬん》、偏《ひとえ》に只事《ただごと》に非《あら》ず」（御書一四五五㌻）と記されています。

傲岸《ごうがん》な権力者《けんりょくしゃ》たちは、民衆は脅《おど》しつければ、恐れおののき、ひれ伏《ふ》すだろうと思い上がっていた。平左衛門尉《へいのさえもんのじょう》もそうだったでしょう。ところが熱原《あつはら》の農民門下《もんか》たちは、法華経を捨てるどころか、声高らかに題目《だいもく》を唱《とな》え続けた。

平左衛門尉《へいのさえもんのじょう》は、自分に面《めん》と向かって、屈従《くつじゅう》を拒否《きょひ》する民衆がいるなど、おそらく理解も想像もできなかったでしょう。

強く賢《かしこ》い、不屈《ふくつ》の民衆の誕生

自《みずか》ら一人立ち、真実を知った民衆は、権力《けんりょく》の魔性《ましょう》の迫害《はくがい》にも、一歩も退《しりぞ》かなかった。たとえ身は従《したが》えられたように見えたとしても、心は断《だん》じて屈服《くっぷく》などしません。強く賢《かしこ》い、偉大《いだい》な民衆の出現です。

あの佐渡流罪《さどるざい》の大難《だいなん》に際《さい》しては、師匠《ししょう》と共に戦い抜いた一部の門下《もんか》を除き、多くの弟子が退転《たいてん》してしまった。中には、大聖人から直接指導を受けていた弟子も少なからずいた。

ところが熱原《あつはら》の門下《もんか》たちは、大聖人に直接お会いしたこともない。信心の年数も短い。しかし、命に及《およ》ぶ大難《だいなん》に臨《のぞ》んで、熱原の門下たちは厳然《げんぜん》と不屈《ふくつ》であった。大聖人に直結していたのです。これが究極《きゅうきょく》の師弟不二《していふに》です。師匠《ししょう》の心をまっすぐに受け継《つ》ぐ弟子は、時空《じくう》を超えて誕生するのです。

師《し》と同じく、民衆も師子王《ししおう》なり！　まさに、そうした不二《ふに》の民衆の出現こそを、大聖人は願い、待ち望まれていた。だからこそ、熱原《あつはら》の法難《ほうなん》の渦中《かちゅう》に「出世《しゅっせ》の本懐《ほんかい》」を遂《と》げたことを宣言されたのではないでしょうか。

御文

観心本尊抄《かんじんのほんぞんしょう》、御書二五三㌻十五行目〜二五四㌻二行目

今《いま》末法《まっぽう》の初《はじめ》小《しょう》を以《もっ》て大《だい》を打《う》ち権《ごん》を以《もっ》て実《じつ》を破《は》し東西共《とうざいとも》に之《これ》を失《しっ》し天地顛倒《てんちてんとう》せり迹化《しゃっけ》の四依《しえ》は隠《かく》れて現前《げんぜん》せず諸天《しょてん》其《そ》の国《くに》を棄《す》て之《これ》を守護《しゅご》せず、此《こ》の時地涌《ときじゆ》の菩薩《ぼさつ》始《はじ》めて世《よ》に出現《しゅつげん》し但《ただ》妙法蓮華経《みょうほうれんげきょう》の五字《ごじ》を以《もっ》て幼稚《ようち》に服《ふく》せしむ（中略）是《か》くの如《ごと》き高《こう》貴《き》の大菩薩《だいぼさつ》・三仏《さんぶつ》に約束《やくそく》して之《これ》を受持《じゅじ》す末法《まっぽう》の初《はじめ》に出《い》で給《たま》わざる可《べ》きか、当《まさ》に知《し》るべし此《こ》の四菩薩折伏《しぼさつしゃくぶく》を現《げん》ずる時《とき》は賢王《けんおう》と成《な》って愚王《ぐおう》を誡責《かいしゃく》し摂受《しょうじゅ》を行《ぎょう》ずる時《とき》は僧《そう》と成《な》って正法《しょうほう》を弘《ぐ》持《じ》す

現代語訳

今、末法《まっぽう》の時代の初めになって、人々は小乗教《しょうじょうきょう》によって大乗教《だいじょうきょう》を攻《こう》撃《げき》し、権教《ごんきょう》によって実教《じっきょう》を否定している。まるで、東とも西とも分《わ》からなくなり、天地が逆転したような状態である。迹仏《しゃくぶつ》の弟子である四《し》依《え》の菩薩《ぼさつ》は姿を消してしまった。諸天善神《しょてんぜんじん》はそのような国を捨て去り、守護《しゅご》しなくなったのである。

この時に、地涌《じゆ》の菩薩《ぼさつ》が初めてこの世界に出現し、妙法蓮華経の五字という大良薬《だいりょうやく》だけを幼い子のように正法《しょうほう》に無知《むち》な衆生《しゅじょう》に飲ませるのである。（中略）

このような高貴《こうき》な大菩薩《だいぼさつ》（地涌《じゆ》の菩薩）が、釈尊《しゃくそん》・多宝仏《たほうぶつ》・十方《じっぽう》の仏《ほとけ》たちに対して、（末法《まっぽう》の時代に妙法を弘めることを）約束し、妙法蓮華経の五字を受持《じゅじ》したのである。末法の時代の初めに出現されないことがあるだろうか。

結論として次のことが分《わ》かる。この地涌《じゆ》の菩薩《ぼさつ》の指導者である（上《じょう》行《ぎょう》・無《む》辺行《へんぎょう》・浄行《じょうぎょう》・安立行《あんりゅうぎょう》の）四菩薩は、折伏《しゃくぶく》を実践する時は、賢王《けんおう》となって愚王《ぐおう》を叱咤《しった》する。摂受《しょうじゅ》を行《ぎょう》ずる時は、僧となって正法《しょうほう》を弘《ひろ》め持《たも》つのである。

末法《まっぽう》広布の実現は「賢王《けんおう》の折伏《しゃくぶく》」から

「観心本尊抄《かんじんのほんぞんしょう》」〈注9〉では、地涌《じゆ》の菩薩《ぼさつ》が出現する「時」——それは、〝末法《まっぽう》の初め〟であると仰《おお》せです。三毒強盛《さんどくごうじょう》の五濁悪世《ごじょくあくせ》であり、闘諍言訟《とうじょうごんしょう》の乱世《らんせい》です〈注10〉。

思想・宗教においては〝我賢《われかしこ》し〟と我見《がけん》が横行《おうこう》し、小が大を破るなどの転倒《てんとう》が続き、根本として尊敬すべき本尊が雑乱《ぞうらん》する。ゆえに、あるべき人間と社会の価値観が見失われ、精神の土台が崩《くず》れていく。この一番混迷《こんめい》した時代に、地《じ》涌《ゆ》の菩薩《ぼさつ》が現れ、いまだ真実に無知である末代幼稚《まつだいようち》の衆生《しゅじょう》に、「妙法蓮華経の五字」の大良薬《だいりょうやく》を与えられるのです。

そして、御文《ごもん》の後段《こうだん》において、この地涌《じゆ》の菩薩《ぼさつ》の現実の振《ふ》る舞《ま》いを「賢王《けんおう》」と「僧」の対比から明かされています。

とりわけ、地涌《じゆ》の菩薩《ぼさつ》が末法《まっぽう》において「折伏《しゃくぶく》を現ずる」時には、「賢王《けんおう》」すなわち「在家《ざいけ》」の賢明《けんめい》なる指導者となって、荒《あ》れ狂《くる》う社会に出現すると仰《おお》せです。

「愚王《ぐおう》を誡責《かいしゃく》」するとは、民衆を不幸にする権力者《けんりょくしゃ》の誤《あやま》りを正していくことです。今日《こんにち》でいえば、「賢王《けんおう》」とは、民衆の中で、人間を苦しめる根源悪と戦う賢者《けんじゃ》の一人一人です。

どこまでも謗法充満《ほうぼうじゅうまん》の悪世《あくせ》の中で仏法を弘通《ぐつう》する、末代《まつだい》にわたっての大折伏《だいしゃくぶく》行《ぎょう》がいかに偉大《いだい》な聖業《せいぎょう》であるかを教えられている、まことに甚深《じんじん》の御聖訓《ごせいくん》です。

末法《まっぽう》の広宣流布とは、現実社会に生きる目覚めた民衆自身が、民衆の海の中で、目の前の一人の民衆の生命変革に挑《いど》んでいく以外にないとの大宣言であると拝《はい》されます。

「生命尊厳《そんげん》の社会」築く菩薩《ぼさつ》

いずれにせよ、「自他共《じたとも》の幸福」を築くための行動がなければ、地涌《じゆ》の菩薩《ぼさつ》ではありません。人間の苦悩と諸問題を解決し、その社会的使命を果《は》たしてこそ、真の菩薩です。

現実の社会にあって、日常の人間生活にあって、仏法の生命尊厳《そんげん》の思想を浸《しん》透《とう》させていく「賢王《けんおう》」という人間主義の振《ふ》る舞《ま》いは、具体的には、文化・教育・平和の次元に現れます。「文化の大地」を耕《たがや》し、「教育の大光《たいこう》」を広げ、「平和の大道《だいどう》」を開いていくのです。絢爛《けんらん》たる人間革命の文化が創出《そうしゅつ》されます。その中で人類の調和と共生《きょうせい》の花を爛漫《らんまん》と咲《さ》かせていくのです。

悪世《あくせ》に智慧《ちえ》と慈悲《じひ》の仏法の潮流《ちょうりゅう》を

戸田先生は、まぎれもなく一人立つ師子王《ししおう》でした。七十五万世帯の折伏《しゃくぶく》は、たった一人でも自分がやると宣言されました。

この先生に続いて、創価の師弟《してい》は、どこまでも人間の中へ、人々の中へ、そして現実社会のまっただ中へ飛び込み、「民衆仏法」を弘めてきました。師弟不二《ふに》の実践に、仏法の智慧《ちえ》と慈悲《じひ》の精神が脈動《みゃくどう》し、「広宣流布」即《そく》「世界平和」への確かな民衆の潮流《ちょうりゅう》が拡大していくことを示しました。地涌《じゆ》の誓いを貫《つらぬ》き、「生命尊厳《そんげん》の世紀」を開いてきたのです。

「創価の人間主義」の威光勢力《いこうせいりょく》を拡大

世界では、ますます「創価の人間主義」への期待が高まっています。地涌《じゆ》の青年の凜々《りり》しい瞳、地涌の乙女《おとめ》の太陽の笑顔が、時代変革の希望として輝《かがや》きを放《はな》っています。まさに至《いた》る所の国土に、地涌の青年勇者が「同時に涌出《ゆじゅつ》せり」（法華経四五二ジ゙ペー）との新たな慈折《じしゃく》広宣流布の展開が始まりました。「民衆仏法」を実現し、妙法流布《るふ》の大願《だいがん》を果《は》たしゆく「創価の人間主義」の威光勢力《いこうせいりょく》を、いやまして一閻浮提《いちえんぶだい》に広げ、発揮《はっき》していく「時」を迎えているのです。

［注　解］

〈注1〉【地涌《じゆ》の菩薩《ぼさつ》】法華経従地涌出品《じゅうじゆじゅっぽん》第十五で、釈尊《しゃくそん》が滅後《めつご》における妙法弘通《ぐつう》を託《たく》すべき人々として呼び出した菩薩たち。大地から涌出《ゆじゅつ》したので地涌の菩薩という。如来神力品《にょらいじんりきほん》第二十一で滅後悪世《めつごあくせ》における弘通が、釈尊から地涌の菩薩の上首《じょうしゅ》・上行《じょうぎょう》菩薩に託された。

〈注2〉【本尊問答抄《ほんぞんもんどうしょう》】弘安元年《こうあんがんねん》（一二七八年）九月、安房国《あわのくに》（千葉県南部）清澄寺《せいちょうじ》の浄顕房《じょうけんぼう》に与えられた書。十大部《じゅうだいぶ》の一つ。御本尊についての浄顕房の質問に問答《もんどう》形式で答えられたもの。末法弘通《まっぽうぐつう》の本尊は法華経の題目《だいもく》であることを、諸宗《しょしゅう》の本尊を破折《はしゃく》しながら述《の》べられている。

〈注3〉【況滅度後《きょうめつどご》】法華経法師品《ほっしほん》第十の一節。「而《しか》も此《こ》の経《きょう》は、如来《にょらい》の現《げん》に在《いま》すすら猶怨嫉多《なおおんしつおお》し。況《いわ》んや滅度《めつど》して後《のち》をや」（法華経三六二ジペー）とある。釈尊《しゃくそん》の在世《ざいせ》においてすら怨嫉（敵対・反発）が多いのだから、まして仏《ほとけ》の滅後《めつご》に法華経を弘める者《もの》はより多くの怨嫉を受け、大難《だいなん》にあうのは当然であるとの意。

〈注4〉【法華経涌出品《ゆじゅっぽん》】法華経従地《じゅうじ》涌出品第十五。釈尊滅後《しゃくそんめつご》の末法《まっぽう》に法華経の弘通《ぐつう》を担《にな》う地涌《じゆ》の菩薩《ぼさつ》が出現する。同品《どうほん》では、地涌の菩薩の特性がさまざまに説《と》かれる。なお、六万恒河沙《ごうがしゃ》は、その地涌の菩薩の数が無数であることを示している。一恒河沙は、恒河（ガンジス川）の砂のこと。また、上行《じょうぎょう》菩薩は、地涌の菩薩を代表する四菩薩の上首《じょうしゅ》（筆頭《ひっとう》）の菩薩。

〈注5〉【ソロー】一八一七年～六二年。アメリカの思想家、随筆家。ハーバード大学を卒業。エマソンらとともに「アメリカ・ルネサンス」の担《にな》い手とされる。著書『市民の抵抗』は、ガンジーやキング博士の不服従運動に影響《えいきょう》を与えた。著書『森の生活』は、環境運動の先駆ともされている。引用は、ソロー著『市民の反抗　他五篇』（飯田実訳、岩波書店）から。

〈注6〉【キング博士】マーチン・ルーサー・キング。一九二九年～六八年。アメリカ合衆国の公《こう》民権《みんけん》運動の指導者。ジョージア州アトランタ生まれ。「バス・ボイコット運動」をはじめ、公民権運動の先頭に立って活動を展開。十八回以上の投獄《とうごく》と三回もの爆弾事件にあいながらも、ガンジーの思想に共鳴《きょうめい》し、非暴力主義を貫《つらぬ》いた。一九六四年ノーベル平和賞を受賞。六八年、テネシー州メンフィスで暗殺された。引用は、キング著『自由への大いなる歩み』（雪山慶正訳、岩波書店）から。

〈注7〉【志念堅固《しねんけんご》　大忍辱力《だいにんにくりき》】いずれも地涌《じゆ》の菩薩《ぼさつ》の特質を述《の》べた言葉。「其《そ》の志念は堅固にして　大忍辱力有《あ》り」（法華経四五九ページ）と記されている。

〈注8〉【熱原《あつはら》の法難《ほうなん》】建治元年《けんじがんねん》（一二七五年）ごろから弘安《こうあん》六年（一二八三年）ごろにわたって、駿河国富士上方《するがのくにふじかみがた》（現在の静岡県富士市）の熱原地域で日蓮大聖人門下《もんか》が受《う》けた法難。

弘安《こうあん》二年（一二七九年）には農民門下《もんか》二十人が不当逮捕《ふとうたいほ》され鎌倉に護送《ごそう》された。平左衛門《へいのさえもんの》尉頼綱《じょうよりつな》の厳しい取り調べの中で信仰を捨てるよう求められたが、一人も退転《たいてん》することなく、神四郎《じんしろう》ら三人が斬首《ざんしゅ》され殉教《じゅんきょう》した。

〈注9〉【観心本尊抄《かんじんのほんぞんしょう》】本書247ページ〈注5〉参照。

〈注10〉「三毒《さんどく》」は、最も基本的な煩悩《ぼんのう》である「貪《むさぼ》り」と「瞋《いか》り」と「癡《おろ》か」のこと。「五濁《ごじょく》」とは、悪世《あくせ》の濁《にご》りの様相《ようそう》、生命の濁りの姿を五種に分類したもの。法華経方便品《ほうべんぼん》第二にある（法華経一二四ページ）。劫濁《こうじょく》（時代の濁り）、煩悩濁《ぼんのうじょく》（煩悩による濁り）、衆生濁《しゅじょうじょく》（人々の濁り）、見濁《けんじょく》（思想の濁り）、命濁《みょうじょく》（短命など寿命《じゅみょう》に関する濁り）。「闘諍言訟《とうじょうごんしょう》」は、大集経《だいじっきょう》に、釈尊滅後《しゃくそんめつご》、二千年を過ぎると「闘諍言訟して白法隠没《びゃくほうおんもつ》せん」と説《と》かれ、末法《まっぽう》では、仏法の中で争《あらそ》いが激しくなり、正法《しょうほう》が失われる時代になることが示されている。

師弟共戦《していきょうせん》――不二《ふに》の闘争《とうそう》に久遠《くおん》の誓いが輝《かがや》く

毎年、「創立の月」を迎えるにあたって、あらためて確認しておきたい原点があります。それは、創価学会の根本使命は、どこまでも、日蓮大聖人の御遺命《ごゆいめい》である広宣流布の遂行《すいこう》にあるという一点です。わが学会は、御本仏《ごほんぶつ》が召《め》し出《いだ》された地涌《じゆ》の和合僧《わごうそう》であり、仏意仏勅《ぶついぶっちょく》を担《にな》いゆく誓願《せいがん》の教団であるとの確信が根幹なのです。

学会と共に広布に生き抜く時、一人一人に内在する地涌《じゆ》の生命《せいめい》が躍動《やくどう》します。この誇りを固く持《たも》って進めば、何も恐れるものはありません。何の妨《さまた》げもないのです。広宣流布の信心を貫《つらぬ》く学会員が、自受法楽《じじゅほうらく》〈注1〉の大境涯《だいきょうがい》を得ることは、絶対に間違いありません。

地球上に広布大前進の潮流《ちょうりゅう》が

この無上《むじょう》の栄誉《えいよ》を自覚《じかく》し、地涌《じゆ》の使命に目覚めた友が喜び勇《いさ》み、世界中で広宣流布の大道《だいどう》を力強《ちからづよ》く歩《あゆ》む新時代が到来《とうらい》しました。今や二十四時間、必ず地球のそこかしこで、妙法が唱《とな》えられ、人間主義の仏法が語られている。幾《いく》十万、幾百万の地涌の対話が、途切《とぎ》れることなく繰《く》り広げられています。友から友へ、生命尊厳《そんげん》の社会を築く平和と歓喜《かんき》の連帯が着実に拡大している。まさに「法華経」に、「閻浮提《えんぶだい》の内《うち》に、広く流布せしめて、断絶《だんぜつ》せざらしめん」（法華経六七三㌻）と説《と》かれる「仏《ほとけ》の願い」を実現しているのです。

一滴《いってき》から始まった源流《げんりゅう》が見事な大河となり、大地を潤《うるお》す段階を迎えています。それだけでなく、世界広布のバトンは世代を超えて、大潮流《だいちょうりゅう》となって受け継《つ》がれているのです。

尊《とうと》き地涌《じゆ》の使命を果《は》たしゆく現代の菩薩《ぼさつ》が陸続《りくぞく》と出現している事実こそが、仏勅《ぶっちょく》たる「仏法西還《せいかん》」の一大実証《いちだいじっしょう》にほかなりません。

万人成仏《ばんにんじょうぶつ》を常に願う仏《ほとけ》の一念《いちねん》

多くの世界の宝友《ほうゆう》たちが心に刻《きざ》んでいる、自我偈《じがげ》の一節があります。それは、朝《あさ》な夕《ゆう》な読誦《どくじゅ》している「毎自作是念《まいじさぜねん》　以何令衆生《いがりょうしゅじょう》　得入無上道《とくにゅうむじょうどう》　速成就仏身《そくじょうじゅぶっしん》」〈注2〉の箇所です。

寿量品《じゅりょうほん》の自我偈《じがげ》では、仏《ほとけ》の生命は久遠《くおん》より常住不滅《じょうじゅうふめつ》なりと明かされています。その最後の一節が、「仏は常に、どのようにすれば、衆生《しゅじょう》を無上《むじょう》の道（覚《さと》り）に入らせ、速《すみ》やかに仏の身を成就《じょうじゅ》させることができるかと、念《ねん》じている」という、仏の願いで結ばれているのです。この深義《じんぎ》に注目したい。

「毎自作是念《まいじさぜねん》」とは、常に心の奥底《おうてい》にある一念《いちねん》です。

そして仏《ほとけ》の一念《いちねん》とは、ただひたすらに、民衆の幸福を願い、「万人《ばんにん》の成仏《じょうぶつ》」のために、この娑婆《しゃば》世界でたゆまず戦い続けることであり、「誓願《せいがん》」と一体です。大聖人は、「毎自作是念《まいじさぜねん》の悲願《ひがん》」（御書四六六ジペー）と仰《おお》せです。この仏《ほとけ》の「毎自作是念」に連《つら》なり、学会は世界広布を進めてきました。創価の師弟共戦《していきょうせん》の強い絆《きずな》によって、妙法は世界百九十二カ国・地域にまで流布《るふ》したのです。

日蓮仏法とは「師弟不二《していふに》の宗教」であり、「師弟共戦《きょうせん》の宗教」です。ここでは、特にこの「共戦」の意義について学びます。

御文

御義口伝《おんぎくでん》、御書七四八ジペー十行目～十二行目

師子吼《ししく》とは仏《ほとけ》の説《せつ》なり説法《せっぽう》とは法華別《ほっけべっ》しては南無妙法蓮華経なり、師《し》とは師匠授《ししょうさず》くる所《ところ》の妙法子《みょうほうし》とは弟子受《でしう》くる所《ところ》の妙《みょう》法《ほう》・吼《く》とは師弟共《していとも》に唱《とな》うる所《ところ》の音声《おんじょう》なり作《さ》とはおこすと読《よ》むなり、末法《まっぽう》にして南無妙法蓮華経を作《おこ》すなり

現代語訳

師子吼《ししく》とは仏《ほとけ》の説法《せっぽう》である。説法とは法華経、別《べっ》して南無妙法蓮華経を説《と》くことをさす。

師子吼《ししく》の「師」とは、師である仏《ほとけ》が授《さず》ける妙法であり、「子」とは

> 弟子が受ける妙法であり、「吼《く》」とは師匠《ししょう》と弟子が共に唱《とな》える音声《おんじょう》をいうのである。作《さ》とは「おこす」と読む。「師子吼《ししく》を作《おこ》す」とは、末法《まっぽう》において南無妙法蓮華経を作すことをいうのである。

広宣流布とは真実を叫《さけ》ぶ言論戦《げんろんせん》

最初に拝《はい》するのは、師匠《ししょう》と弟子が共に妙法を唱《とな》え、弘めゆくことが「師子吼《ししく》」の意義である、との「御義口伝《おんぎくでん》」〈注3〉の一節です。

仏法で説《と》く師子王《ししおう》の願いとは、一切を揺《ゆ》り動かす大師子吼《だいししく》によって、あらゆる魔性《ましょう》を打ち破り、民衆の幸福を実現することです。

そして、この師子吼《ししく》の本質が、師弟共戦《していきょうせん》であることを教えられている御文《ごもん》です。

戸田先生は、自《みずか》ら師子吼《ししく》されるとともに、青年部によく語られていました。「広宣流布は、言論戦《げんろんせん》なのだから、皆も語りまくれ！」「我々《われわれ》は正しいのだ。ゆえに、ありのままに真実を叫《さけ》べ！」と。

広宣流布は、人々を不幸に陥《おとしい》れる生命の魔性《ましょう》を根底から打ち破る精神闘争《とうそう》です。

それゆえに魔《ま》の軍勢《ぐんぜい》は、この妙法の旗《はた》を高く掲《かか》げゆく学会に怨嫉《おんしつ》し、打ち倒そうと、あらゆる形で襲《おそ》いかかってきました。しかし学会は、師弟《してい》が共に師子《しし》吼《く》することで、勝ち抜いてきたのです。

「元品《がんぽん》の無明《むみょう》」を打ち破り、「元品の法性《ほっしょう》」〈注4〉を力強《ちからづよ》く現すための不二《ふに》の大師子吼《だいししく》なのです。

師《し》も弟子も同じ師子吼《ししく》をおこす

「師子吼《ししく》」とはいうまでもなく、百獣《ひゃくじゅう》の王・獅子の吼《ほ》える声です。さまざまな経典《きょうてん》では、恐れることなく悠然《ゆうぜん》と真実を語る仏《ほとけ》の説法《せっぽう》を師子吼《ししく》に譬《たと》えています。法華経の会座《えざ》では、宝塔品《ほうとうほん》第十一の「三箇《さんか》の勅宣《ちょくせん》」〈注5〉で、「万人《ばんにん》を仏《ほとけ》に」との末法《まっぽう》広宣流布を託《たく》す仏意《ぶっい》、仏《ほとけ》の願いが示されます。これに応えて勧持品《かんじほん》第十三で菩薩《ぼさつ》たちが誓う言葉が「二十行《ぎょう》の偈《げ》」です。三《さん》類《るい》の強敵《ごうてき》を乗り越えて、釈尊滅後《しゃくそんめつご》に法華経を弘通《ぐつう》せんとの弟子の誓いが述《の》べられます。その経文《きょうもん》に「師子吼《ししく》を作《おこ》す」とあるのです。

本来、仏《ほとけ》の説法《せっぽう》を意味する師子吼《ししく》が、仏弟子《ぶつでし》の誓いとして表現されています。それは、師弟《してい》ともに、同じ誓願《せいがん》に立っているからです。まさに、師弟共戦《きょうせん》とは、誓願を共にする師弟不二《ふに》の異名《いみょう》なのです。

一切衆生《しゅじょう》の心田《しんでん》に妙法の種を

「御義口伝《おんぎくでん》」の一節では、師子吼《ししく》の意義を、師弟共戦《していきょうせん》と捉《とら》えるとともに、何を師子吼するのか、法の内容が厳然《げんぜん》と示されています。

すなわち、「万人成仏《ばんにんじょうぶつ》の法」を、何ものも恐れることなく、自在に説《と》いていく仏《ほとけ》の説法《せっぽう》が師子吼《ししく》の内実《ないじつ》です。この法とは法華経であり、末法《まっぽう》においては「南無妙法蓮華経」です。

「師子吼《ししく》」の「師」とは、師匠《ししょう》が授《さず》ける妙法である。「子」とは、弟子が受ける妙法である。当然のことながら、授ける妙法と、受ける妙法とは、一体です。したがって「吼」とは、師弟《してい》が共に妙法を唱《とな》え弘めていく広宣流布の大音《だいおん》声《じょう》なのです。

さらに「作師子吼《さししく》」の「作」について、大聖人は「おこす」と読むこと、すなわち末法《まっぽう》において南無妙法蓮華経を「作す」ことであるとも仰《おお》せです。

弟子の立場からいえば、自《みずか》ら決意して立ち上がり、友の幸福のために妙法を弘めていく不二《ふに》の行動を「起こす」ことであり、そこに、仏弟子《ぶつでし》の根本精神があると拝《はい》せるでしょう。

この御聖訓《ごせいくん》の通りに、創価の地涌《じゆ》の同志は、いかなる試練《しれん》に直面《ちょくめん》しても勇敢《ゆうかん》に師子王《ししおう》の心を起こし、広布に邁進《まいしん》してきました。そして、世界中の学会員が確かな体験をつかみ、仏法の厳《げん》たる師子吼《ししく》の力《ちから》を証明してきました。

混迷《こんめい》の時代だからこそ、いよいよ、創価の師弟《してい》が新たな師子吼《ししく》を起こし、一切衆生《しゅじょう》の心田《しんでん》に妙法の種を蒔《ま》き、世界に平和と幸福の花を咲《さ》かせていくのです。

御文

華果成就《けかじょうじゅ》御書、御書九〇〇ページ八行目～十行目

よき弟子《でし》をもつときんば師弟《してい》・仏果《ぶっか》にいたり・あしき弟子《でし》をたくはひぬれば師弟《してい》・地獄《じごく》にをつといへり、師弟相違《していそうい》せばなに事《ごと》も成《なす》べからず委《くわし》くは又又申《またまたもう》すべく候《そうろう》、常《つね》にかたり《語》あわ《合》せて出離生死《しゅつりしょうじ》して同心《どうしん》に霊山浄土《りょうぜんじょうど》にてうなづき《領》かたり給《たま》へ

現代語訳

良い弟子をもてば師弟《してい》は仏果《ぶっか》にいたり、悪い弟子を養えば師弟ともに地獄《じごく》に堕《お》ちる、といわれている。師匠《ししょう》と弟子の心が違《たが》えば何事も成就《じょうじゅ》することはできない。詳しいことは、また申《もう》し上げます。

常に語り合って生死《しょうじ》の苦しみを離れ同じく信心をたもって、霊山浄土《りょうぜんじょうど》（久遠《くおん》の仏《ほとけ》の世界）に行き、そこでもうなずき合い語り合いなさい。

師弟《してい》一体の成仏《じょうぶつ》の原理

続いて拝《はい》するのは「華果成就御書《けかじょうじゅ》」〈注6〉の一節です。本抄《ほんしょう》は弘安元年《こうあんがんねん》（一二七八年）四月、大聖人の故郷《こきょう》・安房国《あわのくに》（千葉県南部）の清澄寺《せいちょうじ》で活動する、若き日の兄弟子であった浄顕房《じょうけんぼう》と義浄房《ぎじょうぼう》〈注7〉の二人に送られたお手紙です。

この二年前（建治《けんじ》二年）、大聖人が仏門《ぶつもん》に入られた際《さい》の師匠《ししょう》であった道善房《どうぜんぼう》が死去しました。道善房は大聖人の折伏《しゃくぶく》を受けて法華経に心を寄せながら、結局、念仏《ねんぶつ》への執着《しゅうちゃく》を断《た》ち切れなかったようです。しかしそれでも、大聖人は、「報恩抄《ほうおんしょう》」を認《したた》め、師匠の墓前で同抄《どうしょう》が読《よ》まれたことを喜ばれました。

御文《ごもん》では、「よき弟子をもつときんば師弟《してい》・仏果《ぶっか》にいたり」とあるように、大聖人御自《おんみずか》らが、あえて「よき弟子」のお立場となって、師弟はどこまでも不《ふ》二《に》であり、一体であることを教えられているのです。

「あしき弟子」になってしまえば、成仏《じょうぶつ》という華果《けか》を成就《じょうじゅ》することはできません。これは、仏法の厳粛《げんしゅく》さを教えているとともに、どこまでも師弟が相違《そうい》してはならないと、師弟不二《ふに》の原理を強調《きょうちょう》されている一節です。

仏法は「弟子の道」で決まる

本抄《ほんしょう》では、御自身が真の「弟子の道」を貫《つらぬ》かれたことを示されるとともに、同じく最初は道善房《どうぜんぼう》を師匠《ししょう》とした浄顕房《じょうけんぼう》、義浄房《ぎじょうぼう》にも指導されています。大聖人の如《ごと》く「よき弟子」として生き抜き、「師匠をも成仏《じょうぶつ》させる弟子たれ!」との慈愛《じあい》の励《はげ》ましとも拝《はい》されます。

私も、この御聖訓《ごせいくん》を若き日より命に刻《きざ》み、「弟子の道」に徹し抜いてきました。弟子の勝利が師匠《ししょう》の勝利。一切は弟子で決まる、との信念で戦ってきたのです。

戸田先生は語られていました。

「創価の師弟に、一生をかけていけ！　後悔《こうかい》は絶対ない。勝利の笑顔で、勝利と幸福で、人生を必ず飾《かざ》っていけるよ！」と。

一九五〇年（昭和二十五年）の秋、不況下《ふきょうか》で戸田先生の事業が破綻《はたん》するという最大の苦境《くきょう》のなか、多くの人が去っていきました。

しかし、私は、広宣流布の大師匠《だいししょう》である戸田先生に付ききって常随給仕《じょうずいきゅうじ》し、共に苦難《くなん》を乗り越えていきました。事業の窮地《きゅうち》を切り開くために、先生と二人して各地を駆《か》けずり回りました。悪戦苦闘《あくせんくとう》の日々の中で、私は申《もう》し上げました。

「私がすべてやります。先生は、お体をお休めください。断《だん》じて苦境《くきょう》を打開します。絶対に、先生に会長になっていただきます！」

「何があっても、勝ってみせます。必ず勝利してお応えしてまいります！」

その時の先生の会心《かいしん》の笑みを、決して忘れることができません。この師弟《してい》の苦闘《くとう》のなかに、今日《こんにち》の学会の大発展の因《いん》が、厳然《げんぜん》と刻《きざ》まれたのです。

互いによく語り、励《はげ》まし合う

浄顕房《じょうけんぼう》と義浄房《ぎじょうぼう》は、いまだ念仏《ねんぶつ》信仰が盛《さか》んな清澄寺《せいちょうじ》の中にあって、大聖人の教えの通りに法華経の信心を持続してきました。

この逆風の厳しい状況下で、今後も、いかに強盛《ごうじょう》に信心を貫《つらぬ》いていけばよいのか――。

その指針として、二人に「よく語り合い、励《はげ》まし合うこと」を強調されています。そして生死《しょうじ》の苦しみを離れ、一緒に霊山浄土《りょうぜんじょうど》（久遠《くおん》の仏《ほとけ》の世界）に行き、そこでも親しく語り合いなさいとまで言われています。

師弟不二《していふに》と異体同心《いたいどうしん》が要諦《ようてい》

師弟《してい》一体で三世《さんぜ》を貫《つらぬ》き、「共に広布に進んでいこう！」との、深いお心が伝わってくる一節です。創価家族もこの御聖訓《ごせいくん》の通りに、常に共々に励《はげ》まし合って、進んできました。

どこまでも「師弟《してい》の道」を根本に、弟子が互いに励《はげ》まし合っていく中にこそ、異体同心《いたいどうしん》の団結《だんけつ》が結ばれるのです。

「師弟不二《していふに》」と「異体同心《いたいどうしん》」こそが、仏法を実践する最重要の原理であり、人間革命の急所なのです。この共戦《きょうせん》の大精神を貫《つらぬ》く限り、創価学会は永遠に前進します。広宣流布を必ず成就《じょうじゅ》していけるのです。

御文

開目抄《かいもくしょう》、御書二三四ジペ一七行目～九行目

我並《われなら》びに我《わ》が弟子《でし》・諸難《しょなん》ありとも疑《うたが》う心《こころ》なくば自然《じねん》に仏界《ぶっかい》にいたるべし、天の加護《かご》なき事《こと》を疑《うたが》はざれ現世《げんぜ》の安穏《あんのん》ならざる事《こと》をなげかざれ、我《わ》が弟子《でし》に朝夕教《ちょうせきおし》えしかども・疑《うたが》いを・をこして皆《みな》すてけんつたなき者《もの》のならひは約束《やくそく》せし事《こと》を・まことの時《とき》はわするるなるべし

現代語訳

私も、私の弟子も、さまざまな難《なん》があっても、もし疑う心がないなら、おのずから仏界《ぶっかい》に至《いた》るのである。

諸天《しょてん》の加護《かご》がないからといって、疑ってはならない。現世《げんぜ》が安穏《あんのん》でないからといって、嘆《なげ》いてはならない。

このように私の弟子に朝晩《あさばん》教えてきたけれども、疑いをおこして、皆、捨ててしまったのだろう。愚かな者《もの》の常として、約束したことを、それが本当に必要な時には忘れてしまうのである。

共々に心肝《しんかん》に染《そ》めるべき御金言《ごきんげん》

最後に拝《はい》するのは、「開目抄《かいもくしょう》」〈注8〉の有名な一節です。「我並《われなら》びに」と仰《おお》せのごとく、大聖人から門下《もんか》に対する共戦《きょうせん》の呼び掛けの御聖訓《ごせいくん》です。

牧口先生が常に拝《はい》した御書にも、「開目抄《かいもくしょう》」のこの一節に、牧口先生の自筆で強く朱線《しゅせん》が引かれています。戸田先生も印《しるし》を付けて拝していました。かつて、私が全同志へ、「共々に心肝《しんかん》に染《そ》めよう」と呼び掛けた御金言《ごきんげん》でもあります。

この一節にこそ、信心の基本精神と学会精神が込められています。

事実、多くの同志がこの御文《ごもん》を心に刻《きざ》み、あらゆる苦難《くなん》や試練《しれん》に挑《いど》み、乗り越えてきました。その意味でいえば、創価の「不屈《ふくつ》の師弟《してい》」「不退《ふたい》の師弟」、そして「常勝不敗《じょうしょうふはい》の師弟」が未来永遠、共に拝《はい》していくべき仏《ほとけ》の金文字《きんもじ》であります。

不退《ふたい》の心の中に成仏《じょうぶつ》への道が

大聖人は、いかなる難《なん》があっても疑うことなく信心の道を歩《あゆ》み通せば、「自《じ》然《ねん》に」、すなわち必ず成仏《じょうぶつ》の境涯《きょうがい》を得られると約束されています。「魔《ま》」と不断《ふだん》に戦い続ける。人々を救《すく》うために行動を続ける。その「不退《ふたい》の人」こそが「仏《ほとけ》」となれるのです。

広宣流布の途上《とじょう》には、常に三類《さんるい》の強敵《ごうてき》や三障四魔《さんしょうしま》が競い起こります。「難《なん》」を避《さ》けることはできません。「必ず魔出来《ましゅったい》すべし魔競はずは正法《しょうほう》と知るべからず」（御書一〇八七ジペー）です。魔《ま》が競うのは、正しい実践の証《あかし》でもあります。また、「賢人《けんじん》・聖人《しょうにん》も此《こ》の事《こと》はのがれず」（御書一一四三ジペー）とも仰《おお》せです。誰人《たれびと》も免《まぬか》れることはできません。

そこで大事なことは、「難即安楽《なんそくあんらく》」との覚悟《かくご》を決めることです。信心さえ敗《やぶ》れなければ、乗り越えられない難など断《だん》じてないのです。

この「我並《われなら》びに我《わ》が弟子」との呼び掛けには、いかなる大難《だいなん》が競い起ころうとも、「我が門下《もんか》よ、二《に》陣、三陣と続きゆけ」との万感《ばんかん》の思いが込められていると拝《はい》されます。

大聖人と同じ心に立ち「日蓮が一門《いちもん》となりとをし」（御書一三六〇ジペー）た時、すでに「成仏《じょうぶつ》への道」、即《そく》「使命の大道《だいどう》」は広々《ひろびろ》と開かれているのです。

全《すべ》ては「我《われ》、地涌《じゆ》の菩薩《ぼさつ》なり」から

大聖人は、「日蓮と同意《どうい》ならば地涌《じゆ》の菩薩《ぼさつ》たらんか」（御書一三六〇ジペー）と仰《おお》せです。「同意」とは、同じく「広宣流布」を目的とすることです。

広宣流布こそ、大聖人のお心であり、大聖人の大願《だいがん》です。大聖人と「同意《どうい》」で、広宣流布のために働き、「信心の勝利」の実証《じっしょう》を示そうと誓いを貫《つらぬ》くとき、わが身に大功徳《だいくどく》が満《み》ち溢《あふ》れてきます。ここにこそ、「一生成仏《じょうぶつ》」という人生勝利の方程式があるのです。

戸田先生は、共に戦う同志に向かって確信を込めて訴《うった》えられました。

「広宣流布をなさんとする学会員こそ地涌《じゆ》の菩薩《ぼさつ》である」「地涌の菩薩と定《さだ》まれば、思うとおりの生活ができないわけは絶対にない」「地涌の菩薩の皆さん、やろうではないか」と。

私たちは、地涌《じゆ》の自覚《じかく》によって、師匠《ししょう》と不二《ふに》の誓願《せいがん》に立つことができます。同志とも異体同心《いたいどうしん》の連帯を築いていくことができます。自身の境涯《きょうがい》を開く人間革命の真髄《しんずい》は、「我《われ》、地涌の菩薩《ぼさつ》なり」との深き使命の決意、そして地涌共戦《きょうせん》の行動から始まるのです。

「創価の師弟《してい》」が新しき哲学の根幹に

今、世界の識者も、「創価の師弟《してい》」に深い次元から注目する時代になりました。アメリカの宗教学者で、アイダホ大学名誉教授のニコラス・ガイヤ博士〈注9〉は、こう指摘されています。

「私が注目するのは、人々の人間革命の源《みなもと》となってきた師弟《してい》の実践です。西洋の人々は、師弟というと、得《え》てして支配と被支配に結ばれた人間関係を想像しがちです。しかし、SGIの師弟関係はどこまでも相互の尊敬と信頼に貫《つらぬ》かれています。もちろん弟子は師匠《ししょう》の模範《もはん》に深く学びます。同時に、師匠に啓発《けいはつ》された弟子は師匠の言動を単に模倣《もほう》するのではなく、独自の可能性を自身の力《ちから》で発現していくのです」

長年、創価学会の運動を見つめてこられた博士ならではの英知の言葉です。

「大《おお》いなる自分」を築くための信仰

「創価の師弟《してい》」は、法のもとに平等であり同志です。師匠《ししょう》も弟子も共に法を探究《たんきゅう》し、共に法を会得《えとく》する共戦《きょうせん》の友です。そのうえで、正しく法を行《ぎょう》じて模範《もはん》となる師匠から仏法を学ぶことで、自己の有限性を超えて、自身の境涯《きょうがい》を大きく開くことができます。

師匠《ししょう》と共にまっすぐに法に生き抜くことで、自我《じが》の迷いの執着《しゅうちゃく》を断《た》ち切って、大我《たいが》に立脚《りっきゃく》した「大《おお》いなる真正の自分」を築き上げることができるのです。

アメリカの仏教研究家であるクラーク・ストランド氏〈注10〉も、こう語られています。

「師弟不二《していふに》がなければ、創価学会が今日《こんにち》の発展を遂《と》げることはなかったであろう」「学会における師弟の絆《きずな》は、弟子に根底から自信を与え、成長させるものである」

誠に深い洞察《どうさつ》です。弟子が偉大《いだい》な広布の人生を歩《あゆ》んでいくことを、師匠《ししょう》は願い続けています。弟子の成長こそが、師匠《ししょう》の楽しみであり、本懐《ほんかい》なのです。

「師弟《してい》栄光の大道《だいどう》」を共に

広宣流布大誓堂《だいせいどう》の完成から、絢爛《けんらん》たる世界広布新時代の大《おお》いなる前進が始まっています。

いよいよ、「師弟《してい》栄光の大道《だいどう》」を共に進んでまいりましょう!

かつて私は未来を担《にな》う若人《わこうど》に、一首《いっしゅ》の和歌を詠《よ》みました。この和歌を、今再び、全世界の同志にあらためて贈《おく》ります。

この世にて
　師弟《してい》に勝《まさ》る　ものはなし
　　君よ忘るな　勝利の絆《きずな》を

［注　解］

〈注1〉【自受法楽《じじゅほうらく》】「自《みずか》ら法楽を受く」と読む。自ら妙法の功徳《くどく》である真の安楽《あんらく》を受けること。

〈注2〉「毎《つね》に自《みずか》ら是《こ》の念《ねん》を作《な》す　何《なに》を以《もっ》てか衆生《しゅじょう》をして　無上道《むじょうどう》に入《い》り　速《すみや》かに仏身《ぶっしん》を成就《じょうじゅ》することを得《え》しめんと」（法華経四九三ジペー）

〈注3〉【御義口伝《おんぎくでん》】本書57ジペー〈注3〉参照。

〈注4〉【元品《がんぽん》の法性《ほっしょう》】「元品」とは最も本源的《ほんげんてき》なもの。元品の法性は、生命に本性として具《そな》わる善性《ぜんせい》、その働き。

〈注5〉【三箇《さんか》の勅宣《ちょくせん》】法華経では、見宝塔品《けんほうとうほん》第十一から虚空会《こくうえ》の説法《せっぽう》が始まるが、同品《どうほん》の中で三度にわたって、釈尊滅後《しゃくそんめつご》における法華経弘通《ぐつう》を菩薩《ぼさつ》たちに促《うなが》したこと。

〈注6〉【華果成就御書《けかじょうじゅ》】弘安元年《こうあんがんねん》（一二七八年）、故道善房《こどうぜんぼう》の三回忌《かいき》にあたって、清澄寺《せいちょうじ》の浄顕《じょうけん》房《ぼう》と義浄房《ぎじょうぼう》に送られた一書。

〈注7〉【浄顕房《じょうけんぼう》と義浄房《ぎじょうぼう》】ともに清澄寺《せいちょうじ》の住僧《じゅうそう》で日蓮大聖人が幼少の時に修学を支えた。大聖人が立宗《りっしゅう》された折《おり》には、その教えに従《したが》い弟子となり、地頭《じとう》・東条景信《とうじょうかげのぶ》の迫害《はくがい》から大聖人をお守りした。

〈注8〉【開目抄《かいもくしょう》】本書83ジペー〈注1〉参照。

〈注9〉【ニコラス・ガイヤ博士】一九四四〜。現象学や意味論などのヨーロッパ哲学を研究した後、仏教を中心とした東洋哲学の研究に専念。アメリカ哲学学会会員、アメリカ宗教学会会員。著書に『非暴力の徳――釈尊からガンジーまで』など。

〈注10〉【クラーク・ストランド氏】一九五七〜。アメリカの仏教研究家で、仏教専門誌『トライシクル』の元編集長・客員編集者。著書に『SGIと世界宗教の誕生』など。

心こそ大切 ——地球に広がる「人間革命の劇《ドラマ》」

「創価学会の使命は、宗教革命にあり」

一九五五年(昭和三十年)の師走《しわす》十二月、女子青年部の総会に出席された恩《おん》師《し》・戸田城聖《じょうせい》先生は凜然《りんぜん》と叫《さけ》ばれました。

まさに創価学会は、創立以来、「宗教のための人間」という転倒《てんとう》を正《ただ》し、真の「人間のための宗教」の時代を切り開く運動を展開してきました。それは、いわば宗教革命の歴史そのものでした。

先生は、続けて、〝宗教革命とは人間革命である〟と言及《げんきゅう》されました。

「人間革命とはなんぞや、というと、首を取り替えることではない。しあわせな生活、幸福な生活にするということである。

宗教革命は、けんかではない。むしろ、自分の生活と戦うこと、自分がしあわせになり、人も幸福にしなければならない。これが、われわれの目的であります」

「人間革命」を勝ち開いていく要諦《ようてい》

自《みずか》らの生活と懸命に格闘《かくとう》して、自分も幸せになり、他者をも幸福に導《みちび》いていく。そうした自他共《じたとも》の幸福を目指す生き方そのものの中に、「人間革命」が光り輝《かがや》くのであり、それが「宗教革命」そのものなのである――この至高《しこう》の真理を、次代を担《にな》いゆく若き女子部の友に強く訴《うった》えられたのです。

一人一人が人間革命のドラマの主人公です。一人ももれなく、確かな幸福の軌道《きどう》を歩《あゆ》み抜くのです。

そのために、日蓮大聖人が教えてくださったのが、「心こそ大切」の大哲理です。

「心こそ大切」――いつでも、どこでも、誰でも「人間革命」を勝ち開いていける究極《きゅうきょく》の要諦《ようてい》が、ここにあるといっても過言《かごん》ではないでしょう。

門下《もんか》の信心を最大に賞讃《しょうさん》

大聖人は門下《もんか》の四条金吾《しじょうきんご》に「ただ心こそ大切なれ」（御書一一九二ジペー）と仰《おお》せになりました。

金吾《きんご》は、主君《しゅくん》を折伏《しゃくぶく》したことを機《き》に、同僚《どうりょう》などからも迫害《はくがい》を受けるなど、人生の苦境《くきょう》に立たされていました。

大聖人は金吾《きんご》に、この苦難《くなん》に対して、どこまでも「正しき信心の心」でひとすじに立ち向かい、打ち勝っていくよう励《はげ》まされています。「心」がいかなる思いにあるのかで、一切の勝負が決せられていくからです。

また、佐渡《さど》の千日尼《せんにちあま》にも「心こそ大切に候《そうら》へ」（御書一三一六ジペー）とつづられています。

千日尼《せんにちあま》は、幾度《いくど》も夫の阿仏房《あぶつぼう》に真心の御供養《ごくよう》の品々《しなじな》を持たせ、佐渡《さど》から遠く離れた身延《みのぶ》の大聖人のもとへ送り出しました。

自分が馳《は》せ参《さん》じたい心を抑《おさ》えて夫の留守を守る千日尼《せんにちあま》の労苦に、大聖人は思いを寄せられています。

そして、距離は離れていても〝「あなたの心」は確かに届いていますよ〟と万感《ばんかん》の励《はげ》ましを送ってくださっているのです。この「心」とは、まぎれもなく「師弟不二《していふに》の心」を指しているといえるでしょう。

「利他《りた》の心」「挑む心」「確信の心」

「正しき信心の心」、また「師弟不二《していふに》の心」こそが、人生の幸福と勝利を開き、栄光の一生を築く力《ちから》となることは、御聖訓《ごせいくん》に照らして明らかです。

ここでは「人間革命の宗教」の結びとして、日蓮仏法の最高峰《さいこうほう》の哲学である

「心こそ大切」に焦点《しょうてん》を当てます。特に、「利他《りた》の心」「挑む心」「確信の心」という観点からも論《ろん》じていきたいと思います。

御文

食物三徳《しょくもつさんとく》御書、御書一五九八ページ一行目～三行目

食《しょく》には三《みつ》の徳《とく》あり、一《ひとつ》には命《いのち》をつぎ・二《ふたつ》にはいろ《色》をまし・三《みつ》には力《ちから》をそう《添》、人《ひと》に物《もの》をほどこせば我《わ》が身《み》のたすけとなる、譬《たと》へば人《ひと》のために火《ひ》をともせば・我《わ》がまへあきらか《明》なるがごとし

現代語訳

食物《しょくもつ》には三つの徳《とく》がある。一には生命を継《つ》ぎ、二には色を増し、三には力《ちから》を強くする徳である。

人に物を施《ほどこ》せば、わが身を助けることになる。例えば、人のために

灯《ひ》をともしてあげれば、自分の前も明るくなるようなものである。

「食は命」――ゆえに「食」に感謝を

はじめに、仏法で説《と》かれる「利他《りた》の心」についてです。

「食物三徳御書《しょくもつさんとくごしょ》」〈注1〉は、大聖人に食物を御供養《ごくよう》した門下《もんか》への感謝のお手紙であると拝《はい》されます。

本抄《ほんしょう》で大聖人は「食」の三つの働きを教えられています。すなわち、(1)生命を維持《いじ》する働き(2)健康を増す働き(3)心身の力《ちから》を盛《さか》んにする働きです。まさに「食は命」であることを示されているのです。

毎年毎年、天候不順等の悪条件に屈《くっ》することなく、命を維持《いじ》する「食」を育《はぐく》み、守り、支えてくださっている、わが敬愛《けいあい》する農漁光部《のうぎょこうぶ》の皆様方に、あらためて心より感謝し、最敬礼《さいけいれい》する思いです。

「自他共《じたとも》の幸福」の実現を

大聖人は「人のために火をともせば・我《わ》がまへあきらか《明》なるがごとし」と仰《おお》せです。他者を気遣《きづか》い、手を差し伸べていく行動が、その人のためになるだけではなく、自分自身の福徳《ふくとく》ともなることを教えられています。

この一節は、数多くの同志が心肝《しんかん》に染《そ》め、実践の指標《しひょう》としてきた御金言《ごきんげん》です。

初代会長の牧口常三郎《つねさぶろう》先生も、この精神を大切にされ、『創価教育学体系』の中で、他人依存の「依他的《えたてき》生活」や自己中心の「独立的生活」から「貢献的《こうけんてき》生活」への転換《てんかん》を呼び掛けられました。

この社会貢献《こうけん》、そしてまた共存共栄の哲学と信念こそ、地域に根を張《は》り、信仰を貫《つらぬ》いてきた創価家族の自覚《じかく》であり、誉《ほま》れです。

「主《しゅ》の御《おん》ためにも仏法の御《おん》ためにも世間《せけん》の心《こころ》ね《根》もよ《吉》かりけり・よかりけりと鎌倉《かまくら》の人人《ひとびと》の口《くち》にうたはれ給《たま》へ」（御書一一七三ページ）

わが尊《とうと》き同志は、世間から何と言われようが、仏法者として、この御文《ごもん》を胸に、それこそ岩盤《がんばん》に爪《つめ》を立てる思いで、地域や社会に積極的にかかわり、信頼の実証《じっしょう》を示してきました。どこまでも徹底して「人の振舞《ふるまい》」（御書一一七四ジペー）を大事にしてきました。

こうした信念と行動の積み重ねこそが、近隣との交流を促《うなが》し、人と人との善《ぜん》の連帯を構築する大きな原動力となってきたのです。

「利他《りた》の行動」が自身を豊かに

あの阪神《はんしん》・淡路大震災《あわじだいしんさい》でも、また東日本大震災でも、さらに熊本地震などでも、創価の宝友《ほうゆう》は、自《みずか》らも被災しながら、苦しむ人々の支援と励《はげ》ましに全力で走り抜いてくれました。また、世界各地の天災にあっても同じです。

言葉に尽くせぬ尊《とうと》い陰徳《いんとく》が、偉大《いだい》なる陽報《ようほう》となって、関西や東北や九州等を希望の光で照らしています。また、日本のみならず、全世界を照らしています。

私たちはどこまでも、「人のために」灯《ひ》をともしていきます。目の前で悩んでいる人、苦しんでいる人のもとへと足を運び、妙法の光で、自他共《じたとも》に無明《むみょう》という生命の闇《やみ》を晴らしていくのです。

歩けば歩いた分だけ、社会に尽くし、互いに福運《ふくうん》を積むことができる。学会員は自他共《じたとも》に、最高の「幸福の軌道《きどう》」に則《のっと》った人生を進んでいるのです。

御文

法蓮抄《ほうれんしょう》、御書一〇四五ジペー十五行目〜十七行目

過去未来《かこみらい》を知《し》らざらん凡夫《ぼんぷ》は此《こ》の経《きょう》は信《しん》じがたし又修行《またしゅぎょう》しても何《なん》の詮《せん》かあるべき是《これ》を以《もっ》て之《これ》を思《おも》うに現在《げんざい》に眼前《がんぜん》の証拠《しょうこ》あらんずる人《ひと》・此《こ》の経《きょう》を説《と》かん時《とき》は信《しん》ずる人《ひと》もありやせん

現代語訳

過去・未来を知ることができない凡夫《ぼんぷ》は、この法華経を信ずることは難しい。また修行《しゅぎょう》しても何の意味があるであろう。このことから考えてみると、今世《こんぜ》に眼前《がんぜん》の証拠《しょうこ》を現すような人がこの経《きょう》を説《と》くなら、

その時には、信ずる人もいるであろう。

現実の体験を築く「心の働き」

「人間革命のドラマ」とは、いわば学会員一人一人の「人生の勝利劇」ともいえるでしょう。

困難《こんなん》や苦難《くなん》の壁《かべ》が立ちはだかったとしても、決して負けずに「挑む心」で見事に信心の実証《じっしょう》を示してきたのです。

「法蓮抄《ほうれんしょう》」〈注2〉は大聖人の門下《もんか》として、まっすぐに信心を貫《つらぬ》いた曾谷教信《そやきょうしん》に与えられたお手紙です。

本抄《ほんしょう》では、大聖人が教信《きょうしん》の父親の十三回忌《かいき》にあたり、孝養《こうよう》の心を賛嘆《さんたん》し、妙法による追善回向《ついぜんえこう》の功力《くりき》を示されるとともに、末法《まっぽう》の法華経の行者《ぎょうじゃ》としての大聖人の大確信と大闘争《だいとうそう》について、つづってくださっています。

「過去・未来を知ることができない凡夫《ぼんぷ》は、この法華経を信ずることは難しい」とあります。そもそも法華経は難信難解《なんしんなんげ》であり、三世《さんぜ》の因果《いんが》が説《と》かれていたとしても、過去や未来を知ることができない凡夫には、なかなか信じることができません。

だからこそ大聖人は、「眼前《がんぜん》の証拠《しょうこ》」すなわち誰人《たれびと》にも明白な現証《げんしょう》をもって、無明《むみょう》に覆《おお》われた凡夫《ぼんぷ》の眼《まなこ》を開き、「信」を起こさせようとされたのです。

本抄《ほんしょう》の後段《こうだん》で大聖人は、法華経を説《と》くがゆえに大難《だいなん》にあわれている御自身の闘争《とうそう》の姿をつづられています。

そして、かねてから警告《けいこく》していた自界叛逆難《じかいほんぎゃくなん》、他国侵逼難《たこくしんぴつなん》という二難〈注3〉が的中したことにも言及《げんきゅう》されます。

国土の宿命転換《しゅくめいてんかん》をかけた、この大闘争《だいとうそう》の現証《げんしょう》をもって、大聖人こそが末法《まっぽう》の法華経の行者《ぎょうじゃ》にほかならないことを示されている。そう拝《はい》されるのです。

門下《もんか》が織《お》り成《な》す大逆転の勝利劇

門下《もんか》たちもまた、大聖人の大闘争《だいとうそう》に連《つら》なり、苦難《くなん》に敢然《かんぜん》と挑《いど》みました。

金吾《きんご》は、迫害《はくがい》を受け逆境《ぎゃっきょう》に追い込まれるものの、大聖人からの度重《たびかさ》なる御指導を受け、粘《ねば》り強《づよ》く大誠実で主君《しゅくん》に仕《つか》えるなど、信心根本に挑戦し続けました。その結果、主君からの信頼が回復しただけでなく、それまでの三倍の領地《りょうち》を与えられるなどの結果を示すことができたのです。

二度にわたり父親からの勘当《かんどう》を受けた池上《いけがみ》兄弟に、大聖人は「必ず三障四魔《さんしょうしま》と申《もう》す障《さわ》いできたれば賢者《けんじゃ》はよろこび愚者《ぐしゃ》は退《しりぞ》くこれなり」（御書一〇九一ページ）と仰《おお》せになられました。喜び勇《いさ》んで障魔《しょうま》に立ち向かう信心の極意《ごくい》を教えられているのです。

池上《いけがみ》兄弟は一歩も退《しりぞ》くことなく法華経の信仰を貫《つらぬ》き、夫人たちと団結《だんけつ》して戦い抜きました。やがて、信仰に反対していた父親も入信し、一家和楽《わらく》の実証《じっしょう》を勝ち飾《かざ》るまでになったのです。

このように大聖人門下《もんか》も、それぞれの立場で「眼前《がんぜん》の証拠《しょうこ》」を現し、勝利の劇《ドラマ》を演《えん》じきりました。

大聖人は、愛弟子《まなでし》の勝利をことのほか喜ばれ、「何よりも爽快《そうかい》なり」（御書一一七五ジペー、趣意）と仰《おお》せになられています。

信仰の実証《じっしょう》が周囲の心を開く

この大聖人の仰《おお》せの通り、創価の三代の師弟《してい》は、どこまでも「現証《げんしょう》」を大事にして広宣流布を推し進めてきました。

「道理証文《どうりしょうもん》よりも現証《げんしょう》にはすぎず」（御書一四六八ジペー）ともあるように、「眼前《がんぜん》の証拠《しょうこ》」すなわち、信心の「実証《じっしょう》」を示すことが、最も説得力があり、納得を生むからです。体験こそ力《ちから》です。

全国、全世界の座談会《ざだんかい》で語られる尊《とうと》き体験談こそ、現代の「眼前《がんぜん》の証拠《しょうこ》」にほかなりません。また、たとえ、すぐには目に見える結果が伴《ともな》わなかったとしても、苦難《くなん》や困難《こんなん》に決して屈《くっ》することなく、挑《いど》み続ける「心」であることそれ自体が、すでに勝っている姿です。多くの人々の共感を呼び、勇気と希望を送らないわけがありません。

一人の宿命転換《しゅくめいてんかん》の体験が波動《はどう》となって広がり、やがては社会の流転《るてん》の宿命をも変革していく。まさに「人間革命」即《そく》「世界平和」の方程式がここにあるのです。

御文

妙一尼御前御消息《みょういちあまごぜんごしょうそく》、御書一二五三ジペー十六行目〜十七行目

法華経《ほけきょう》を信《しん》ずる人は冬《ふゆ》のごとし冬《ふゆ》は必《かなら》ず春《はる》となる、いまだ昔《むかし》よりきかず・みず冬《ふゆ》の秋《あき》とかへれる事《こと》を、いまだきかず法《ほ》華経《けきょう》を信《しん》ずる人の凡夫《ぼんぷ》となる事《こと》を、経文《きょうもん》には「若有聞法者無《にゃくうもんぽうしゃむ》一不成仏《いちふじょうぶつ》」ととかれて候《そうろう》

現代語訳

法華経を信じる人は冬のようです。冬は必ず春となります。昔より今まで、聞いたことも見たこともありません。冬が秋に戻るということを。また、今まで聞いたこともありません。法華経を信じる人が仏《ほとけ》

になれず凡夫《ぼんぷ》のままでいることを。

経文《きょうもん》には、「もし法を聞くことができた者《もの》は、一人として成仏《じょうぶつ》しない者はいない」（法華経方便品《ほうべんぼん》）と説《と》かれているのです。

最も苦しんでいる人を励《はげ》ます

「冬は必ず春となる」——

いうまでもなく、世界の同志が胸中《きょうちゅう》に深く刻《きざ》み、常に実践の糧《かて》としている御《ご》聖訓《せいくん》です。これほどまでに、端的《たんてき》に「人間革命」の光を放《はな》っている御文《ごもん》はないともいえるでしょう。

ここに、どんな苦難《くなん》をも克服《こくふく》して、必ず一生成仏《じょうぶつ》〈注4〉を果《は》たしていけるという「確信の心」が拝《はい》されてならないのです。

「妙一尼御前御消息《みょういちあまごぜんごしょうそく》」〈注5〉は、鎌倉の信心強盛《ごうじょう》な女性門下《もんか》に送られたお手紙です。

竜《たつ》の口《くち》の法難《ほうなん》、佐渡流罪《さどるざい》のなかで、退転《たいてん》する門下《もんか》も数多く出ました。しかし、妙一尼《みょういちあま》は夫と共に法華経の信仰を貫《つらぬ》き通しました。

そのため夫は所領《しょりょう》を没収《ぼっしゅう》されるなどの難《なん》にあい、しかも、大聖人が佐渡流罪《さどるざい》の赦免《しゃめん》を勝ち取られる前に亡くなってしまうのです。

残された妙一尼《みょういちあま》は、自身も体が強くないうえに、病気の子らを抱《かか》えていました。どれほど心細い状況だったことでしょう。

しかし、そのような厳しい環境のなかにあっても、妙一尼《みょういちあま》は、佐渡《さど》へ、身延《みのぶ》へと、大聖人のもとに従者《じゅうしゃ》を送って仕《つか》えさせるなど、毅然《きぜん》と師匠《ししょう》を守ろうとしました。

こうした妙一尼《みょういちあま》の真心に対して、〝必ず幸福へと導《みちび》いてみせる〟〝一生成仏《じょうぶつ》を果《は》たさせてみせる〟と、全力の励《はげ》ましを送られているのが本抄《ほんしょう》です。

逆境《ぎゃっきょう》を乗り越える希望の宗教

御文《ごもん》では、前提《ぜんてい》として「法華経を信ずる人は冬のごとし」と示されています。希望の春を迎えるには、試練《しれん》の冬を乗り越えねばなりません。

なぜ「法華経を信ずる人」に冬のような厳しい鍛錬《たんれん》の時が訪《おとず》れるのでしょうか。

それは法華経そのものに説《と》かれている通り、成仏《じょうぶつ》を目指す仏道修行《ぶつどうしゅぎょう》の途上《とじょう》に「三障四魔《さんしょうしま》」や「三類の強敵《さんるいのごうてき》」が現れ、仏法者の前進を妨《さまた》げようとするからです。

しかし、「冬は必ず春」と仰《おお》せです。

自然の摂理《せつり》として、冬が秋に逆戻りすることはないように、どんなに寒い冬の状態が続いていても、いつか必ず暖かい春が訪《おとず》れます。それと同じく、厳冬《げんとう》のような逆縁《ぎゃくえん》も耐え抜いて、強盛《ごうじょう》に信心を奮《ふる》い起こして戦い抜いていけば、勝利の花を爛漫《らんまん》と咲《さ》かせゆくことは絶対に間違いない。決まっていることなのです。

だからこそ信心は貫《つらぬ》き通すことです。途中《とちゅう》で歩《あゆ》みを止《と》めたり、疑いを起こして退《しりぞ》いては何にもならない。歓喜《かんき》の春を大確信して、地道に、弛《たゆ》みなく、朗《ほが》らかに前進していくことが肝要《かんよう》なのです。

いかなる人も、置き去りにしない！

もう一つ大事なことは、法華経方便品《ほうべんぼん》の文が引用されている通り、「もし法を聞くことができた者《もの》は、一人として成仏《じょうぶつ》しない者はいない」のです〈注6〉。ある特定の人だけが春を迎えられるのではありません。妙法の種が下《お》ろされることによって、一人の例外もなく、誰人《たれびと》も置き去りにすることなく、万人《ばんにん》に対して成仏《じょうぶつ》への道が開かれているのが妙法なのです。

世界宗教としての日蓮仏法の卓越性《たくえつせい》が、ここにあります。

「一華《いっか》を見て春を推《すい》せよ」（御書二二二ページ）とあります。寒風《かんぷう》の中、凜《りん》と咲《さ》き誇る一輪の花があれば春の到来《とうらい》を知ることができます。

すなわち、妙法によって勝利の花を咲《さ》かせゆく一人の「確信の心」によって、希望の春風が咲《さ》き薫《かお》り、周囲に「歓喜《かんき》の春」「勝利の春」を広げていくことができるのです。

「心」は一切を変革する舞台

「心」は、不思議です。心の妙用《みょうゆう》〈注7〉で、一切が変わります。

「心一つで地獄《じごく》にも楽しみがあります」

——これは、牧口先生が殉教《じゅんきょう》の獄中《ごくちゅう》で家族に送られた手紙の一節です。当時の検閲《けんえつ》で塗《ぬ》りつぶされ削除されていた言葉ですが、先師《せんし》の厳然《げんぜん》たる大境涯《だいきょうがい》が偲《しの》ばれてなりません。

ここまで、「利他《りた》の心」「挑む心」「確信の心」を学びました。学会員は、日蓮仏法の信仰によって、心豊かな境涯《きょうがい》を会得《えとく》しています。

「不退《ふたい》の心」「常勝《じょうしょう》の心」「先駆《せんく》の心」「前進の心」「不屈《ふくつ》の心」「決定《けつじょう》の心」

「勇気の心」「慈愛《じあい》の心」「包容《ほうよう》の心」「励《はげ》ましの心」「感謝の心」、そして「〝負けじ魂《だましい》〟を貫《つらぬ》く心」——。私たちは日々の地道な仏道修行《ぶつどうしゅぎょう》を通して、いつしか「仏界《ぶっかい》の心」、「菩薩界《ぼさつかい》の心」をわが生命の大地から呼び出しています。「心一つ」で、自身を変え、周囲を変え、社会を変える一念三千《いちねんさんぜん》の秘術《ひじゅつ》を体得《たいとく》しているのです。

それは、単なる気の持ちようとか、気休めなどの観念論《かんねんろん》ではありません。真の「心の変革」は、「現実の変革」を約束するのです。「わが心」すなわち生命境涯《きょうがい》を深めていくことが、人間革命の宗教の真骨頂《しんこっちょう》です。功徳《くどく》とは、わが生命の変革にほかならないからです。

だからこそ、信心とは、どこまでも峻厳《しゅんげん》な姿勢が大事なのです。魔《ま》に敗《やぶ》れ、「愚痴《ぐち》」や「文句」に流されてしまえば、心は後退です。微妙《びみょう》な一念《いちねん》の差で決まってしまう。

「きびしきなり三千羅列《さんぜんられつ》なり」（御書七一四ページ）です。「心一つ」で成仏《じょうぶつ》が決まる。ゆえに「心こそ大切」なのです。

未来を創《つく》るための信心

「命已《いのちすで》に一念《いちねん》にすぎざれば仏《ほとけ》は一念随喜《いちねんずいき》の功徳《くどく》と説《と》き給《たま》へり」（御書四六六《ジペー》）

とも仰《おお》せです〈注8〉。

「今この時」の発心《ほっしん》の一念《いちねん》で、一切を転《てん》じていけるのです。

仏法者の心は、「現当二世《げんとうにせ》の心」です。

大切なのは、過去を振《ふ》り返り悔《く》いることでなく、今ここから未来に向かって力強《ちからづよ》く建設を開始することです。

現実の人生には、勝つ時もあれば負ける時もあるでしょう。たとえ、どんなに口惜《くちお》しい試練《しれん》があっても、信仰が敗《やぶ》れなければ、必ず、必ず、未来の大勝利の因《いん》を刻《きざ》んでいるのです。

人間革命光あれ！

「どこまでも広布の誓願《せいがん》に生き抜く心」
「どこまでも学会と共に前進する心」

まさしく、妙法に生き、師弟《してい》に生き、同志と共に生きていく「心」があれば、そこから一切が開けます。未来を築くのは、今の「心」にあるのです。

そのためにも、共々に、それぞれの立場で「一人立つ」ことです。我《われ》ら地涌《じゆ》の勇者に、「この世で果《は》たさん使命あり」です。

わが同志の人間革命に光あれ！

人類の幸福と平和の春へ、この青き地球を照らす人間主義の太陽の世紀は、いよいよ輝《かがや》きを増しているのです。

[注　解]

〈注1〉【食物三徳御書《しょくもつさんとくごしょ》】断簡《だんかん》（部分的にしか伝えられていない文章）のため、御述作年代《ごじゅっさくねんだい》や対告《たいごう》衆《しゅう》は不明《ふめい》。ある人が日蓮大聖人に御供養《ごくよう》したことに対して、食物は人間に大切なもので三つの徳があると、供養の功徳《くどく》について述《の》べられ、さらに一切経《いっさいきょう》と仏《ほとけ》との関係について説《と》かれている。

〈注2〉【法蓮抄《ほうれんしょう》】本書30ページ〈注3〉参照。

〈注3〉【自界叛逆難《じかいほんぎゃくなん》、他国侵逼難《たこくしんぴつなん》という二難】薬師経《やくしきょう》に説《と》かれる七難のうちの二難。「自界叛逆難」とは、仲間同士の争《あらそ》い、内乱などの難のこと。「他国侵逼難」とは、他国から侵略《しんりゃく》を受けるという難。「立正安国論《りっしょうあんこくろん》」の御執筆《ごしっぴつ》当時、まだ起きていなかった二難を大聖人は予言され、それぞれは、二月騒動《そうどう》、蒙古《もうこ》の襲来《しゅうらい》という形で的中した。

〈注4〉【一生成仏《じょうぶつ》】一生の間に仏になること。凡夫《ぼんぷ》がその身を改《あらた》めず、一生のうちに成仏の境地《きょうち》に至《いた》ることをいう。歴劫修行《りゃっこうしゅぎょう》に対する言葉。

〈注5〉【妙一尼御前御消息《みょういちあまごぜんごしょうそく》】建治元年《けんじがんねん》（一二七五年）五月、身延《みのぶ》から妙一尼に宛《あ》てられた御消息。妙一尼の夫が今まで生きていたら、大聖人が佐渡流罪《さどるざい》から赦免《しゃめん》になったことをどのように喜んだであろうと偲《しの》ばれ、「法華経を信ずる人は冬のごとし冬は必ず春となる」と仰《おお》せになり、純粋《じゅんすい》な信心を貫《つらぬ》くよう激励されている。

〈注6〉「若《も》し法《ほう》を聞《き》くこと有《あ》らば一《ひと》りとして成仏《じょうぶつ》せざること無《な》けん」（法華経一三八㌻）。

〈注7〉【妙用《みょうゆう》】妙法の深遠《しんえん》な功徳力《くどくりき》。ここでは、衆生《しゅじょう》の生命に具《そな》わっている本有《ほんぬ》の不可思議《ふかしぎ》な力《りき》用《ゆう》（働き）をいう。

〈注8〉「人の生命は究極的《きゅうきょくてき》に一瞬の生命に極《きわ》まる故《ゆえ》に、仏《ほとけ》は一念随喜《いちねんずいき》の功徳《くどく》と説《と》かれた」という趣意《しゅい》。一念は瞬時の心のこと。随喜とは歓喜《かんき》すること。一念随喜の功徳とは、法華経の一句一偈《いちげ》を聞いて少しでも信ずる心のあることをいう。

池田大作（いけだ・だいさく）

1928年（昭和３年）、東京生まれ。創価学会名誉会長。創価学会インタナショナル（SGI）会長。創価大学、アメリカ創価大学、創価学園、民主音楽協会、東京富士美術館、東洋哲学研究所、戸田記念国際平和研究所などを創立。世界各国の識者と対話を重ね、平和、文化、教育運動を推進。国連平和賞のほか、モスクワ大学、グラスゴー大学、デンバー大学、北京大学など、世界の大学・学術機関の名誉博士、名誉教授、さらに桂冠詩人・世界民衆詩人の称号、世界桂冠詩人賞、世界平和詩人賞など多数受賞。

著書は『人間革命』（全12巻）、『新・人間革命』（全30巻）など小説のほか、対談集も『二十一世紀への対話』（A・トインビー）、『二十世紀の精神の教訓』（M・ゴルバチョフ）、『平和の哲学　寛容の智慧』（A・ワヒド）、『地球対談　輝く女性の世紀へ』（H・ヘンダーソン）など多数。

人間革命の宗教

発行日　二〇一九年十一月十八日
第三刷　二〇二〇年　九　月三十日
著　者　池田大作
発行者　松岡　資
発行所　聖教新聞社
〒一六〇－八〇七〇　東京都新宿区信濃町七
電話〇三－三三五三－六一一一（代表）
印刷所　株式会社　精興社
製本所　牧製本印刷株式会社
定価はカバーに表示してあります

ISBN978-4-412-01659-0